Kaffee
Cappuccino & Co.

Die besten Rezepte

Compact Verlag

MUNTERMACHER UND MODEGETRÄNK

Ursprung, Herkunft und Anbau 4
Wie man guten Kaffee macht 6
Inhaltsstoffe 8
Gerätschaften 11
Unendliche Vielfalt 13
Die Beilagen 14

REZEPTTEIL

Raffinierte Heißgetränke 15
Heißes mit Schuss 25
Kalter Kaffee 39
Gebäck und Konfekt 53
Kuchen und Torten 61
Desserts 73
Zum Kaffee 85

Register 95
Text- und Bildquellen 96
Impressum 96

Muntermacher und Modegetränk

„C, A, F, F, E, E – trink nicht so viel Kaffee!" Warum eigentlich nicht? Macht der Trank wirklich blass und krank, wie es uns das Kinderlied weismachen will? Oder hilft er uns eher, gut in den Tag zu kommen und am Nachmittag neuen Schwung zu kriegen, wie Kaffeeliebhaber steif und fest behaupten? So viel ist sicher: Derzeit feiert das aromatische Heißgetränk in Deutschland seinen Siegeszug. Coffee-Shops schießen aus dem Boden und die Anzahl der Zubereitungsarten steigt rapide. Längst gibt man sich nicht mehr mit Filterkaffee zufrieden, sondern genießt die ganze Vielfalt, die der »Türkentrank« zu bieten hat.

Ursprung, Herkunft und Anbau

Der Begriff Kaffee kommt vom türkischen *kahve* bzw. dem arabischen *qahwa*, was so viel bedeutet wie „anregendes Getränk". Ob Kaffeeklatsch oder Kaffeekränzchen, das heiße schwarze Getränk ist in Westeuropa so vertraut, dass man glauben könnte, es werde hier schon immer getrunken. Das stimmt natürlich nicht. Es ist aus Arabien nach Europa gekommen.

Legenden

Erst etwa seit dem Jahr 1500 gibt es konkrete Daten und Aufzeichnungen über die Verwendung von Kaffee. So ranken sich um den Ursprung des Genussmittels einige Legenden. Zum Beispiel, dass der Erzengel Gabriel dem Propheten Mohammed, als dieser todkrank war, eine Schüssel mit einer dunklen, dampfenden Flüssigkeit reichte. Nach dem Genuss der Flüssigkeit soll Mohammed binnen kürzester Zeit wieder auf die Beine gekommen sein.

Eine andere Geschichte, aufgeschrieben vom syrischen Mönch Banesius, erzählt davon, dass Hirten aus Kaffa in Abessinien darüber klagten, dass ihre Herden nachts nicht zur Ruhe kämen. Die Mönche gingen der Sache nach und fanden eine Pflanze mit kirschartigen Früchten genau an der Stelle, wo die Tiere der Hirten gewöhnlich grasten. Die Mönche fanden

heraus, dass die Tiere an den Früchten geknabbert hatten. Also überprüften sie die Wirkung, indem sie daraus einen Aufguss bereiteten. Nun waren auch die Geistlichen um den Schlaf gebracht und erfreuten sich einer ausgeprägten Munterkeit.

Der tatsächliche Ursprung

Die Kaffeepflanze existiert mit ziemlicher Sicherheit bereits seit der Frühzeit. Allerdings wussten die Menschen noch nicht, wie man die Frucht genussvoll nutzen konnte. Wenn man einer Schrift von 1587 glauben darf, die in der Pariser Nationalbibliothek aufbewahrt wird, so begann der Konsum von Kaffee Mitte des 15. Jahrhunderts in der arabischen Welt. Mit der Ausbreitung des Osmanischen Reichs in der ersten Hälfte des 16. Jahrhunderts breitete sich der Kaffee gleichzeitig in Kleinasien, Ägypten und Südosteuropa aus. Ende des Jahrhunderts hatte man wohl in ganz Europa von dem geheimnisvollen Getränk gehört, von dem Reisende berichteten.

Anfang des 17. Jahrhunderts gelangten schließlich die ersten Proben von Kaffeebohnen nach Amsterdam, London, Bremen, Hamburg und Venedig. Der Handel begann zu blühen, Kaffeehäuser wurden eröffnet.

Zu Beginn des 18. Jahrhunderts wurden Kaffeepflanzen in alle Regionen der Erde gebracht, in denen sie gedeihen konnten, unter anderem nach Brasilien. Beliebtheit und Konsum stiegen unaufhörlich. Ungefähr seit 1850 ist Kaffee endgültig Volksgetränk.

In den Erzeugerländern gehört die wirkungsvolle »Bohne« heute zu den wichtigsten Agrargütern. Auch die Bedeutung auf dem Weltmarkt ist immens.

Ein paar Worte zur Botanik und Verarbeitung

Die Kaffeepflanze Coffea gehört zur Familie der sogenannten Rötegewächse. Nur 2 Sorten sind von wirtschaftlicher Bedeutung. Es sind Coffea Arabica und Coffea Canephora, besser bekannt als Robusta. Während Robusta besser im

Flachland gedeiht, findet man Arabica in Höhenlagen zwischen 600 und 1200 m über dem Meeresspiegel. Kaffee aus dem Hochland gilt als besonders wertvoll. Er hat eine milde Säure und einen ausgezeichneten Geschmack.
Zwischen 6 und 11 Monate dauert es, bis sich nach der Befruchtung der Blüte die Kaffeefrucht entwickelt. Darin befinden sich üblicherweise 2 Samen, die man als Kaffeebohnen bezeichnet. Diese müssen aus ihrer Umhüllung, bestehend aus Wasser, Häutchen und Pflanzenschleim, befreit und schließlich geröstet werden. Es gibt Verbraucher, die sich ganze Kaffeebohnen kaufen, um diese dann ganz frisch vor dem Aufbrühen erst zu mahlen. Die meisten bevorzugen jedoch Kaffeeschrot, der direkt verarbeitet werden kann.

Wie man guten Kaffee macht

Kaffee ist noch lange nicht Kaffee. Die meisten Menschen haben bereits Bekanntschaft mit der herrlich schmeckenden Variante gemacht, mussten sich aber leider nach dem Probieren einer dunklen Brühe auch schon schütteln. Der richtige Umgang mit Bohne oder Pulver ist das Geheimnis.

Lagerung
Kaffee kommt in einer sogenannten aromasicheren Verpackung in den Handel. Das bedeutet, der Sauerstoff wurde entzogen. Solange die Packung verschlossen bleibt, kann Röstkaffee problemlos mehrere Monate aufbewahrt, ja sogar tiefgefroren werden. Das Aroma bleibt erhalten. Wurde die Verpackung geöffnet, muss das Kaffeepulver unbedingt vor Feuchtigkeit und Sauerstoff geschützt werden. Denn das sind die beiden größten Feinde von ungetrübtem Kaffeegenuss. Für die Lagerung ist deshalb ein trockener und kühler Ort wichtig. Wer Bohnen oder Schrot gern in einer hübschen Dose aufbewahren möchte, kann dies tun, sollte aber den Kaffee nicht umfüllen, sondern mitsamt

der Verpackung in die Dose stellen. Schon beim Umfüllen kommt es zu einem leichten Aromaverlust. Vor allem sind in Kaffeepulver Fette, ätherische Öle und Wachse enthalten. Sie würden sich am Rand der Dose absetzen und ranzig werden.

Schließlich ist noch darauf zu achten, dass in unmittelbarer Nähe keine Lebensmittel oder Materialien mit intensivem Geruch gelagert werden. Dieser würde sich rasch auf Bohnen und vor allem auf gemahlenen Kaffee übertragen.

Zubereitung
Der erste Schritt bei der idealen Kaffeezubereitung ist das Mahlen. Wer das Heißgetränk auf die immer gleiche Art genießen will, kann sich die Bohnen im Geschäft mahlen lassen oder gleich Pulver kaufen. Wer selbst mahlt, hat allerdings deutliche Vorteile. Der Mahlgrad hat nämlich Einfluss auf den Geschmack. Bei grobem Schrot entsteht ein dünner, kraftloser Geschmack. Umgekehrt führt eine feine Mahlung zu einem intensiven, unter Umständen zu strengem Aroma.

Ebenfalls entscheidend für den Genuss ist die Dosierung. Je weniger Mahlgut pro Tasse verwendet wird, desto schwächer wird der Geschmack. Für jemanden, der Kaffee nicht gut verträgt, kann eine dünne Zubereitung möglicherweise die Chance sein, nicht ganz auf ein Tässchen ab und zu verzichten zu müssen. Als Faustregel gilt: Zwischen 6 und 8 Gramm Mahlgut sollten pro Tasse genommen werden.

Der zweite und mengenmäßig ausschlaggebendste Inhaltstoff im fertig zubereiteten Kaffee ist das Wasser. Es sollte möglichst viel Sauerstoff und Mineralien enthalten. Diese fungieren nämlich als Geschmacksträger für das Kaffeearoma. Sehr kalkhaltiges Wasser kann der Grund für ein dünnes Geschmackserlebnis sein. Es empfiehlt sich, das Wasser mit einem speziellen Filter vor Gebrauch zu entkalken. Außerdem sollte auch die Kaffeemaschine regelmäßig von Kalk befreit werden, damit das Aroma geschont und das Wasser in der Maschine schnell zum Kochen gebracht wird.
Chlor ist ein klarer Geschmackstöter. In Amerika muss man immer wieder erleben, dass Trinkwasser, das auf den Tisch gebracht wird, schon von weitem nach Chlor riecht. Geruch und Chlorgeschmack bleiben leider auch im Kaffee erhalten. In so einem Fall muss stilles Wasser aus der Flasche her.

Das wohl gebräuchlichste Aufgussverfahren ist die Verwendung eines Automaten. Das kann ein herkömmlicher Kaffee- oder auch ein Espressoautomat sein. In den letzten Jahren hat sich die italienische Variante einer Espressomaschine auch in Deutschland durchgesetzt. Der spezielle Topf, in dessen unterem Teil sich das Wasser befindet, wird auf eine Herdplatte gestellt. Durch die Hitze wird das Wasser durch den Filter nach oben gedrückt und läuft in den Kannenaufsatz. Ist kein Kaffeeautomat zur Hand, funktioniert auch noch immer die gute alte Handfilterung. Hierfür setzt man einfach einen Filter mit Kaffeepulver auf die Kaffeekanne und gießt nach und nach das Wasser hinein. Eher selten wird man sich für den Kannenaufguss entscheiden, bei dem der Schrot in die Kanne gegeben, mit heißem Wasser aufgegossen und schließlich vorsichtig oder durch einen Filter eingeschenkt wird.

Auch die Zubereitung türkischen Kaffees hat sich im westlichen Europa nicht durchgesetzt. Hierzu stellt man einen kleinen Kupfertopf auf eine Flamme und gibt kaltes Wasser, Zucker

und sehr fein gemahlenes Kaffeepulver hinzu. Die Mischung wird erhitzt und dabei umgerührt, ohne dass der Löffel den Boden des Topfes berührt. Ist die Flüssigkeit heiß, wird eine Mokkatasse damit zu einem Drittel gefüllt. Die restliche Flüssigkeit wird noch einmal erhitzt. Wenn sie fast brodelt, gießt man damit die Tasse voll.

Noch ein Wort zum Aufkochen des Wassers. Wenn es mit dem Kaffeepulver in Berührung kommt, muss es bereits wieder auf rund 95 Grad abgekühlt sein. Wer also per Hand das Wasser in den Filter gießt, sollte unbedingt warten, bis es nicht mehr sprudelt.

Zum Schluss noch ein Tipp zur Standzeit des aufgebrühten Kaffees: Nicht selten erlebt man es, vor allem in Büros und Kantinen, dass Kaffee morgens gekocht wird und am Nachmittag noch immer ein Rest in der Kanne ist. Letztendlich ist es natürlich Geschmackssache, ob diese Brühe noch getrunken wird. Für höchsten Kaffeegenuss sollte eine Standzeit von mehr als 30 Minuten allerdings vermieden werden, weil danach das Aroma zu leiden beginnt. Um den köstlichen Trunk trotzdem länger aufzubewahren, ist eine Warmhaltetemperatur von maximal 85 Grad einzuhalten.

Inhaltsstoffe

In Kaffee ist Koffein enthalten. Das weiß jedes Kind. Weitaus weniger bekannt ist, dass in dem beliebten Muntermacher bis zu 2000 weitere Inhaltsstoffe vermutet werden, rund 1000 davon sind für den wunderbaren Duft verantwortlich. Je nach Sorte und Standort der Pflanze und nach Art der Verarbeitung und Zubereitung ergibt sich eine andere Zusammensetzung. Längst sind nicht alle Stoffe genau bekannt. Andere dafür umso besser.

Koffein
Von Johann Wolfgang von Goethe angespornt untersuchte der Chemiker Friedrich Ferdinand Runge (1795–1867) Kaffeebohnen und isolierte schließlich Koffein. Es handelt sich dabei um eine Substanz, die beim Stoffwechsel der Pflanze entsteht und in die Gruppe der Alkaloide gehört. Das sind stickstoffhaltige Verbindungen, die in hoher Dosierung giftig sein können. In der vorhandenen Dosis stellt Koffein jedoch keine Gefahr dar. Im Gegenteil: Es wirkt sanft anregend.

Weitere Alkaloide
Auch das Niacin, besser bekannt als Nicotinsäure, gehört in diese Stoffgruppe. Es entsteht während des Röstvorgangs. Niacin ist ein Vitamin der B-Gruppe, das für Stoffwechselvorgän-

ge im menschlichen Organismus gebraucht wird. Es ist zum Beispiel in Champignons enthalten. Aber auch eine Tasse Kaffee deckt ein Zehntel des Tagesbedarfs eines Erwachsenen.

Kohlenhydrate
Eine rohe Kaffeebohne besteht zu etwa einem Drittel aus Kohlenhydraten. Diese setzen sich aus Einfach- und Mehrfachzuckern zusammen, werden aber während des Röstens stark verändert. Wasserunlösliche Vielfachzucker, die der Bohne als Zellwandbestandteil dienen, bleiben als Kaffeesatz zurück.

Mineralstoffe
Der Anteil von in Kaffee enthaltenen Mineralstoffen ist eher gering. Man kann von einem Mittelwert von 4 % ausgehen, die wiederum zu 90 % in der Tasse landen. Vor allem sind Kalium, Kalzium, Magnesium und Phosphor zu nennen. Erfreulich: Schwermetalle oder andere gesundheitsschädigende Rückstände sind – wenn überhaupt – in so geringen Mengen enthalten, dass sie kaum nachweisbar sind.

Wirkung
Vor allem als Muntermacher, der morgens die Lebensgeister weckt und am Nachmittag über das Leistungstief hilft, hat Kaffee sich einen Namen gemacht. Verantwortlich für diese Wirkung ist das Koffein.

Wer hätte gedacht, dass ein Tässchen Kaffee aber auch beruhigen und sogar den Schlaf fördern kann? Tatsächlich folgt nach dem Konsum von Koffein zunächst eine Ermüdungsphase, bevor die Anregung einsetzt. Menschen, die Koffein nur langsam verstoffwechseln, können Kaffee deshalb geradezu als Schlaftrunk verwenden.

Aber auch alle anderen sollten berücksichtigen, dass die sanft anregende Wirkung frühestens nach einer Viertelstunde einsetzt. Das heißt: Nach dem Kaffeetrinken während der Pause in der Autobahn-Raststätte nicht gleich wieder ans Steuer setzen. Besser ist es, noch ein paar Schritte an der frischen Luft zu gehen, bis die Anregung sich bemerkbar macht.

Das aromatische Heißgetränk macht übrigens nicht nur den Geist wach und munter. Auch die Verdauung wird angeregt. Gerade nach einem üppigen Essen kann man sich diese Wirkung zunutze machen. Ein kleiner Espresso regt die Produktion von Magensäure und die Gallensekretion an, Magen und Darm beginnen zu arbeiten. Auch Nieren und Blase kommen durch den Konsum auf Trab.

Kaffee entwässert. Er darf daher nicht mitgezählt werden, wenn man ermitteln möchte, ob man im Tagesverlauf genug getrunken hat. Im Gegenteil: Eine Faustregel besagt, dass pro getrunkener Tasse Kaffee ein Glas Wasser zusätzlich genossen werden sollte. Viele Restaurants servieren dies heute schon unaufgefordert und ohne Berechnung mit dem bestellten Kaffee.

Viel hilft nicht viel

Den schlechten Ruf, den Kaffee aufgrund seiner angeblich gesundheitsschädigenden Wirkung jahrelang hatte, hat er glücklicherweise verloren. Die Wissenschaft ist sich einig, dass das duftende Gebräu sich eher positiv auf den menschlichen Organismus auswirkt. In Maßen, versteht sich. Eine Tasse am Tag, oder bei Bedarf oder Appetit auch eine zweite, reichen schon um die gewünschte Wirkung zu erreichen. Echte Fans trinken gerne mehr. Macht nichts, sagt die Deutsche Gesellschaft für Ernährung. Auch 3 bis sogar 5 Tassen sind für einen gesunden Erwachsenen noch verträglich. Spätestens wenn es über dieses Maß hinausgeht, wird es kritisch. Die positiven Wirkungen können sich umkehren. Statt vitaler und leistungsfähiger zu werden, klagen Vieltrinker über lähmende Müdigkeit. Oder die Wirkung wird so stark, dass sie als unangenehm empfunden wird. Zittern, rasender Puls, Unruhe und schlechter Schlaf können Symptome für einen übertriebenen Kaffeekonsum sein. Als gesundes Mittelmaß kann man 2 bis 3 Tassen täglich ansehen. Allerdings reagiert jeder Mensch unterschiedlich und sollte

selbst das Maß finden, das ihm am besten bekommt.

Vorsicht
Durch schlechte Ernährungsgewohnheiten, zu wenig Bewegung und zu viel Stress leiden viele Menschen heute an Sodbrennen und anderen Magenproblemen. Sie müssen mit Kaffee unbedingt vorsichtig sein. Denn die enthaltenen Stoffe regen die Produktion der Magensäure weiter an. Außerdem können sie der ohnehin strapazierten Magenschleimhaut zu schaffen machen. Auch nervöse und reizbare Mitmenschen müssen ihren Konsum sehr einschränken oder besser ganz darauf verzichten. Personen mit Herzproblemen oder hohem Blutdruck können ihren Arzt nach der erlaubten Menge fragen. Das gilt auch für Diabetiker. Schwangere und stillende Mütter beschränken am besten ganz stark die Menge. Schließlich seien noch Patienten genannt, die in homöopathischer Behandlung sind. Koffein kann die Wirkung solcher Heilmittel verändern oder gar blockieren. Während einer Medikamentenphase verzichtet man besser komplett auf das Aromagetränk. Wer das nicht möchte, sollte jedoch zwischen Kaffeegenuss und Tabletteneinnahme 2 Stunden verstreichen lassen.

Gerätschaften

Je mehr Freunde der dunkle, aromatische Trunk gefunden hat, desto mehr Maschinen zur Zubereitung und Accessoires tummelten sich auf dem Markt. Welcher Automat für wen der richtige ist, ist letztendlich Geschmackssache. Über das Zubehör entscheiden Geldbeutel und Lust am Zelebrieren des Kaffeekults.

Die richtige Maschine
Eine einfache Maschine zur Bereitung von Filterkaffee ist für kleines Geld zu haben. Das Wasser wird in den Tank gefüllt, ein Filter in den Halter gelegt und mit Kaffeepulver gefüllt, die Maschine eingeschaltet. Schon tropft das heiße Wasser durch den Schrot in eine Glaskanne oder auch direkt in eine Warmhaltekanne.

Recht neu im Angebot sind Maschinen, in die Portionspads, die an Teebeutel er-

innern, eingelegt werden. Je mehr man bereit und in der Lage ist auszugeben, desto mehr Funktionen kann man einkaufen. So gibt es beispielsweise Automaten mit integrierter Kaffeemühle. Andere sind mit 2 unterschiedlichen Kaffeesorten zu befüllen, um Espresso und Filterkaffee nach Belieben kochen zu können.

Es gibt Maschinen mit Milchschäumdüse, mit einstellbarer Kaffeemenge pro Tasse, Selbstreinigungs- und automatischem Entkalkungsprogramm, Wasserfilter und sogar mit Zeitschaltuhr, sodass der Kaffee schon herrlich in der Küche duftet, wenn man morgens aus dem Badezimmer schlüpft.

Zubehör
Heiße, geschäumte Milch ist nicht nur für einen echten Cappuccino unverzichtbar. Wer keine Aufschäumdüse an der Kaffeemaschine hat, kann sich einen elektrischen Milchaufschäumer kaufen.
Einfacher sind folgende Varianten: Ein batteriebetriebener Schaumschläger wird in die erhitzte Milch getaucht. Er wirbelt so viel Luft unter die Milch, dass diese schön schaumig wird und deutlich an Volumen gewinnt (Achtung: Das Kännchen nicht zu voll füllen!).

Ein ähnlicher Effekt wird mit einem Kännchen mit siebartigem Aufsatz erreicht. Kännchen zu etwa einem Drittel mit Milch füllen, nun das Sieb schnell immer wieder bis zum Deckel hochziehen und anschließend tief in die Milch stoßen.

Ein hübsches Accessoire für Menschen, die eine italienische Espressomaschine benutzen, ist ein Espressodrücker. Damit wird das fein gemahlene Pulver fest in den Filtereinsatz gedrückt. Hübsche Variante: Auf der einen Seite eines Edelstahlgriffes befindet sich der Drücker, auf der anderen ein Kaffeemaß. Schablonen mit verschiedenen Formen – vom Herz bis zum lachenden Gesicht – sorgen für gute Laune am Kaffeetisch. Sie werden einfach über den Cappuccino gehalten und mit Kakao bestreut.

Unendliche Vielfalt

Mit der wachsenden Verbreitung von italienischen Cafés und Coffee-Shops ist auch eine Flut von Zubereitungsarten losgebrochen, die mit so vielen Bezeichnungen einhergegangen ist, dass mancher nur noch verwirrt die Schultern zuckt. Die folgende Übersicht bringt Licht ins Dunkel:

Brauner: Schwarzer mit Schlagsahne verquirlt.

Café au lait: Man nehme entweder einen doppelten Espresso, einen Lungo oder zur Not auch Filterkaffee und gebe viel heiße Milch hinzu. Die Milch kann nach Geschmack geschäumt sein. Typisch: Café au lait wird in einer großen Schale ohne Henkel serviert.

Café Crème: Für jede Tasse wird der Bohnenkaffee frisch gemahlen. Auch das Kochen mit hohem Druck wird pro Tasse erledigt. Ähnlich wie beim Espresso entsteht so eine Creme auf dem Kaffee.

Caffè con latte: Lungo mit einem Schuss Milch.

Caffè con panna: Lungo mit einem Häubchen geschlagener Sahne.

Caffè corto: s. Caffè ristretto.

Café cortado: Starker Kaffee oder Espresso, der mit etwas heißer Milch – nach Belieben gesüßt – aufgefüllt wird.

Caffè doppio: Doppelter Espresso.

Caffè latte: Die Tasse wird zur Hälfte mit Lungo und zur anderen Hälfte mit heißer Milch gefüllt.

Caffè lungo: Espresso, der mit heißem Wasser gestreckt wird.

Caffè macchiato: Espresso mit einer Haube aus geschäumter Milch.

Caffè ristretto: Kleiner Espresso, der nur am Wasser spart und daher noch kräftiger ist als der Klassiker.

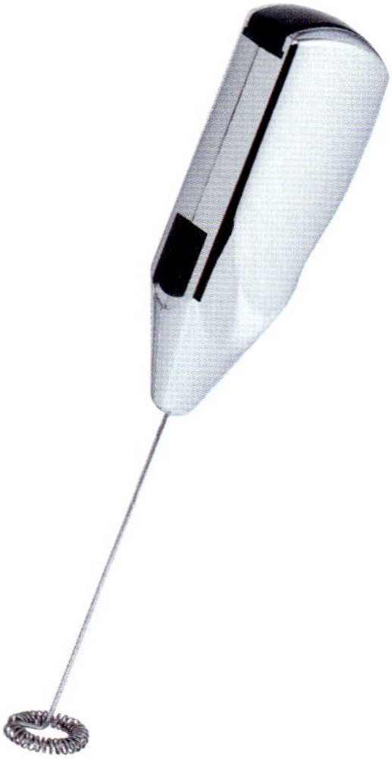

Kaffee, Cappuccino & Co.

Cappuccino: Espresso mit heißer Milch, der mit einer Haube aus geschäumter Milch gekrönt wird. Gern gibt man auf die Milchhaube ein wenig Kakaopulver.

Espresso: 50–60 ml ca. 90 Grad heißes Wasser werden mit rund 10 bar durch ca. 7 g fein gemahlenes Pulver gedrückt. Dieser Vorgang passiert möglichst schnell, sodass nur die wohl schmeckenden Aromastoffe gelöst werden und ein festes Häubchen »crema« auf dem Getränk entsteht.

Espresso con panna: Der kleine Klassiker mit einer Sahnehaube obenauf.

Iced Espresso: Eiswürfel in ein Glas füllen und den doppelten Espresso darübergießen.

Kapuziner: Die österreichische Antwort auf Cappuccino. (Die Österreicher behaupten natürlich, Kapuziner sei der Ursprung des Cappuccinos.) Statt geschäumter Milch wird hier Schlagsahne – oder Schlagobers, wie man in Österreich sagt – auf den Espresso mit heißer Milch gegeben.

Latte macchiato: Milch wird erhitzt und geschäumt. Man füllt sie in ein großes Glas und gießt einen Espresso hinein.

Melange: Halb Kaffee, halb Milch.

Schümli: s. Café Crème.

Schwarzer: Schwarzer Filterkaffee – pur.

Türkischer Mokka: Für die Zubereitung empfiehlt es sich, ein »Cezve«, ein Kupferkännchen mit Stiel, zu besorgen. Eine Mokkatasse kaltes Wasser mit 2 Teelöffeln Zucker und 2 Teelöffeln sehr fein gemahlenem Kaffee in das Kännchen geben und erhitzen. Der Mokka wird mit Satz in eine kleine Tasse gefüllt und vorsichtig geschlürft.

Wiener Melange: Hier teilt sich der Kaffee die Tasse mit heißer, geschäumter Milch.

Die Beilagen

Für den einen geht Kaffee nicht ohne Kuchen oder Kekse, für den anderen gehört ein Stückchen Schokolade zwingend dazu. Der eigenen Vorliebe ist keine Grenze gesetzt.

Allerdings: Genau wie beim Kaffee selbst, muss auch bei den »Beilagen« die Qualität stimmen.

Sirup und Gewürze
Schon früher hat man gern einen Hauch Zimt oder Kardamom in das Kaffeepulver oder in das fertige Getränk gestreut, um das Aroma auf raffinierte Weise zu betonen. Heute ist dies auch mit Sirup möglich. Von Haselnuss bis Vanille, von Amaretto bis Karamell – die Variationen sind fast unbegrenzt.

Sahne, Milch und Zucker
Wer vor wenigen Jahren im Restaurant einen Kaffee bestellt hat, bekam eine Tasse Filterkaffee serviert. Dazu landeten kleine Plastikbehälter mit Kaffeesahne und ein Zuckertopf auf dem Tisch. Heute ist es etwas komplizierter. Aber wer die Wahl will, muss die Qual wohl akzeptieren. Soll die Milch fettarm oder darf es doch flüssige Sahne sein?

Beim Zucker entscheidet man vor allem zwischen weißem oder braunen Zucker oder Süßstoff. Kandis ist in Verbindung mit Kaffee eher ungewöhnlich. Süßstoff ist Geschmackssache. Sicher ist, dass er das Aroma stark verändert.

Und nun viel Spaß mit den leckeren Kaffeerezepten!

> ***Tipp***
> *Leckere Rezepte für Kleinigkeiten zum Kaffee finden Sie im letzten Kapitel dieses Buches.*

RAFFINIERTE HEISSGETRÄNKE

Drink for two (Abb. S. 15)

Zutaten:
8 Kaffeepralinen (z. B. Pocket Coffee)
200 ml Espresso
1/2 TL Zimt
3 Msp. Kardamompulver
3 Msp. Ingwerpulver
1–2 EL Zucker
800 ml Milch
Zimtpulver

■ Kaffeepralinen in heißem Espresso auflösen, Gewürze und Zucker zugeben und 1 Stunde durchziehen lassen.
■ Milch und Espresso getrennt erhitzen, Milch im Milchschäumer cremig aufschlagen und in Kaffeegläser füllen.
■ Heißen Espresso auf die Gläser verteilen, mit Zimtpulver bestäuben und servieren.
■ Ergibt 4 Gläser.

Zubereitungszeit: 20 Min.

EW	Fett	KH	kcal/kJ
7 g	6 g	31 g	229/964

Brasilian Dream

Zutaten:
1 kleine Dose Kondensmilch
1 Msp. Zimt
1 Prise Muskatnuss, gerieben
2 EL Zucker
500 ml sehr starker Kaffee
2 EL Schokoladensirup

■ Kondensmilch mit dem Schneebesen schaumig schlagen. Dabei tröpfchenweise 2 EL heißes Wasser dazugeben.
■ Mit Zimt, Muskat und Zucker abschmecken. Heißen Kaffee mit Schokoladensirup süßen und in vorgewärmte Espressotassen geben. Mit der gewürzten Kondensmilch aufgießen.
■ Ergibt 6 Tassen.

Zubereitungszeit: 10 Min.

EW	Fett	KH	kcal/kJ
1 g	2 g	8 g	59/249

Lebenswecker

Zutaten:
75 g Kaffeepulver
1 Ei

EW	Fett	KH	kcal/kJ
2 g	2 g	0 g	29/119

■ Kaffeepulver mit Ei kräftig verrühren. Eierschale mit einem Mörser sehr fein mahlen, mit 3 Tassen Wasser zum Kaffee geben. Unter Rühren langsam zum Kochen bringen, mindestens 5 Minuten ziehen lassen. Schnell einen Schuss kaltes Wasser dazugießen, damit sich der Kaffeegrund setzt. Auf Tassen verteilen.
■ Ergibt 3 Tassen.

Zubereitungszeit: 10 Min.

Intermezzo »Macchiato«

Zutaten:
1 TL Butter
40 g Zucker
1 Päckchen Vanillinzucker
40 g Mandeln, gehackt
100 g Zartbitterschokolade
200 ml Espresso
600 ml heiße Milch

Zubereitungszeit: 15 Min.

EW	Fett	KH	kcal/kJ
9 g	20 g	33 g	353/1478

- Für den Krokant Butter, Zucker und Vanillinzucker in einer Pfanne schmelzen, Mandeln zugeben, unter ständigem Rühren bräunen lassen, auf ein mit Backpapier ausgelegtes Blech geben und noch warm zerkrümeln.
- Schokolade fein hacken und in heißem Espresso auflösen.
- Milch mit einem Milchschäumer aufschlagen und in Gläser füllen.
- Schoko-Espresso vorsichtig aufgießen, sodass sich zwischen Milch und Milchschaum eine Schicht Schokolade absetzt. Intermezzo »Macchiato« mit Krokant bestreut servieren.
- Ergibt 4 Gläser.

Heißer Milchtraum

Zutaten:
1 Vanilleschote
800 ml Milch
1 EL Kaffeepulver (Instant)
1 EL Ahornsirup
6 EL Nuss-Nougat-Creme (z. B. Nutella)
1/4 TL Zimt
200 g Sahne
1 Päckchen Sahnesteif
2 EL Schokoladenraspel

Zubereitungszeit: 10 Min.

EW	Fett	KH	kcal/kJ
11 g	37 g	40 g	543/2272

■ Vanilleschote der Länge nach halbieren, Mark herauskratzen, mit Milch, Kaffeepulver, Ahornsirup, Nuss-Nougat-Creme und etwas Zimt erhitzen. Sahne mit Sahnesteif und restlichem Zimt steif schlagen. Heiße Nuss-Nougat-Milch mit dem Milchaufschäumer leicht aufschäumen, in Gläser füllen, mit Zimtsahne und Schokoladenraspel dekoriert servieren.
■ Ergibt 4 Gläser.

Ingwerkaffee

Zutaten:
1/2 TL Ingwerpulver
1 TL Kaffeepulver

■ Ingwerpulver mit Kaffeepulver mischen und im Filter mit 125 ml kochendem Wasser überbrühen. Honig in eine Tasse geben, mit heißem Kaffee auffüllen. Sahne steif

Ingwerkaffee (Fortsetzung)

schlagen und Ingwerkaffee damit garnieren.
■ Ergibt 1 Tasse.

EW	Fett	KH	kcal/kJ
0 g	1 g	1 g	21/86

1 TL Honig, 2 EL Sahne

Zubereitungszeit: 5 Min.

Vanillamokka

Zutaten:
100 g Zucker
1/2 Vanilleschote
6 TL Kaffeepulver
5 TL Trinkschokolade
300 ml heiße Milch

Zubereitungszeit: 20 Min.

EW	Fett	KH	kcal/kJ
3 g	2 g	29 g	159/672

■ Zucker mit 100 ml Wasser vermischen. Vanilleschote längs aufschneiden, Mark herauskratzen, mit der Schote zur Zuckerlösung geben, aufkochen und 5–10 Minuten sieden lassen.
■ Sirup mindestens 2 Stunden durchziehen lassen und Schote entfernen.
■ Kaffeepulver und Trinkschokolade mit 150 ml heißer Milch sowie 300 ml kochendem Wasser verrühren, mit Vanillesirup und nach Wunsch mit Zucker abschmecken und in breite Gläser füllen.
■ Restliche Milch mit einem Milchaufschäumer schaumig aufschlagen und Vanillamokka mit je einer Milchschaumkrone und nach Wunsch 1/2 Vanilleschote servieren.
■ Ergibt 4 Gläser.

Tipp
Wer es eilig hat, kann auch fertig käuflichen Vanillesirup verwenden.

Südamerikanischer Mokka

Zutaten:
10 EL Kakaopulver
6 EL Zucker
1 Msp. Salz
4 TL Kaffeepulver (Instant)
500 ml Milch
500 g Sahne
500 ml starker Kaffee

■ 6 EL Kakaopulver mit Zucker und Salz in 125 ml Wasser auflösen. In einen Mixbecher gießen und gründlich schütteln. Mischung bei geringer Temperatur erhitzen.
■ Kaffeepulver mit Milch in 250 ml kochendes Wasser einrühren und Sahne mit Kaffee vermischen. Restlichen Kakao in 250 ml Wasser auflösen. Alle Flüssigkeiten zusammengießen, aufkochen lassen und mit dem Mixer schaumig rühren.
■ Ergibt 8 Tassen.

Zubereitungszeit: 10 Min.

EW	Fett	KH	kcal/kJ
6 g	25 g	17 g	322/1338

Schokoschümli

Zutaten:
150 g Sahne
40 g Zartbitter-schokolade
200 ml Milch
375 ml heißer extrastarker Kaffee

Zubereitungszeit: 10 Min.

EW	Fett	KH	kcal/kJ
3 g	17 g	7 g	199/824

■ Sahne steif schlagen, Schokolade reiben.
■ Milch in einen kleinen Topf geben, erhitzen und dabei mit einem Schneebesen kräftig aufschlagen, sodass die Milch sehr schaumig wird.
■ Kaffee in Tassen füllen. Aufgeschäumte Milch darübergeben und jeweils 2 EL Sahne auf den Milchschaum setzen.
■ Mit geraspelter Schokolade verzieren und sofort genießen.
■ Ergibt 4 Tassen.

Tipp
Wärmen Sie die Tassen vorher bei 50 Grad für ca. 10 Minuten im Backofen auf.

Nuss-Nougat-Macchiato

Zutaten:
100 g Sahne
600 ml H-Milch
Mark von 1 Vanilleschote
150 g Nuss-Nougat-Creme
1/4 TL Zimt
2 TL Espressopulver (Instant)

Zubereitungszeit: 10 Min.

EW	Fett	KH	kcal/kJ
8 g	24 g	28 g	362/1515

- Sahne und 200 ml Milch mit Vanillemark in einem Topf erhitzen, Nuss-Nougat-Creme darin auflösen und mit Zimt und Espressopulver kräftig abschmecken.
- Restliche Milch ebenfalls erhitzen und 150 ml davon mithilfe eines Milchschäumers aufschäumen.
- Nuss-Nougat-Milch auf Gläser verteilen, Milchschaum daraufgeben und verbleibende Milch vorsichtig mithilfe eines Trichters zwischen Nuss-Nougat-Milch und Milchschaum schichten.
- Nuss-Nougat-Macchiato nach Wunsch mit Zimt bestäubt servieren.
- Ergibt 4 Gläser.

Tipp
Fettarme H-Milch mit einem Fettgehalt von 1,5 % lässt sich leichter aufschäumen und der Schaum ist stabiler.

Mokkapunsch

Zutaten:
50 g Sahne
1–2 TL Kaffeepulver (Instant)
1 Eigelb
1 EL flüssiger Honig

Zubereitungszeit: 5 Min.

EW	Fett	KH	kcal/kJ
4 g	22 g	16 g	285/1183

- Sahne halbsteif schlagen, Kaffee in 100 ml heißem Wasser auflösen.
- Eigelb und Honig im warmen Wasserbad mit dem Schneebesen cremig schlagen.
- Kaffee unterrühren, in ein Glas füllen, Sahne daraufgeben und etwas unterziehen. Mit Kaffeepulver bestreut servieren.

Gewürzter Schokoladenmokka

Zutaten:
1 Kapsel Kardamom
1 Prise Koriander
200 ml Milch
1 EL Kaffeepulver
1 TL lösliches Kakaopulver
1 EL Honig

- Kardamomsamen aus der Kapsel lösen und im Mörser fein zerreiben. Mit Koriander in die Milch geben.
- Gewürzte Milch in einem Topf langsam unter Rühren aufkochen lassen. Kaffee und Kakaopulver darin auflösen, mit Honig süßen.

Zubereitungszeit: 10 Min.

EW	Fett	KH	kcal/kJ
8 g	9 g	25 g	222/937

Wiener Haferl

■ 1 l Wasser in einem Topf erhitzen. Kaffeepulver und Kaffee-Ersatz dazugeben und zweimal kurz aufwallen lassen. Durch ein Sieb in Tassen seihen. Milch aufkochen lassen und schaumig schlagen. Kaffee getrennt mit Milch und Zucker servieren und erst bei Tisch nach Belieben zuckern.
■ Ergibt 8–10 Tassen.

EW	Fett	KH	kcal/kJ
2 g	2 g	3 g	38/159

Zutaten:
6–8 TL Kaffeepulver
3–5 EL Kaffee-Ersatz
500 ml Milch
Zucker

Zubereitungszeit: 10 Min.

Vanille-Sahne-Kaffee

■ Eiweiß steif schlagen. Sahne mit Vanillezucker ebenfalls steif schlagen und beides mischen. Kaffeetassen mit der Hälfte der Eiweiß-Sahne-Mischung füllen, mit heißem Kaffee auffüllen und sofort servieren. Je nach Geschmack mit Zucker süßen.
■ Ergibt 4 Tassen.

Zutaten:
1 Eiweiß
125 g Sahne
1/2 TL Bourbon-Vanillezucker
500 ml Kaffee
Zucker

Zubereitungszeit: 5 Min.

EW	Fett	KH	kcal/kJ
2 g	9 g	4 g	113/466

Tipp
Eischnee wird beim Schlagen besser steif, wenn man eine Prise Salz zufügt.

Mexikanischer Zimtkaffee

Zutaten:
6 TL Kaffeepulver
8–10 Zimtstangen

EW	Fett	KH	kcal/kJ
0 g	0 g	0 g	2/8

■ Kaffeepulver in eine Filtertüte geben. Zimtstangen in den Filter legen. Mit 500 ml siedend heißem Wasser überbrühen. Zimtstangen aus dem Filter herausnehmen und in den Kaffee geben. Ca. 5 Minuten ziehen lassen. Getränk durch ein Sieb gießen und auf Gläser verteilen. Auf jedes Glas 1 Zimtstange legen.
■ Ergibt 4 Gläser.

Zubereitungszeit: 5 Min.

El Diabolo

Zutaten:
2 Zimtstangen
8 Gewürznelken
8 Würfel Rohrzucker
Limettenschale
120 ml Espresso
Zubereitungszeit: 5 Min.

■ Zimt und Gewürznelken bei starker Hitze in einem Topf einige Minuten rösten. Würfelzucker zerbröckeln und zusammen mit Limettenschale hinzufügen. Espresso dazugießen und kurz ziehen lassen.
■ Kaffee in Tassen gießen und sofort servieren.
■ Ergibt 4 Tassen.

EW	Fett	KH	kcal/kJ
0 g	0 g	19 g	79/334

Halloween-Coffee

Zutaten:
Schale von 2 Orangen (unbehandelt)
500 ml starker Kaffee
2 EL Zucker
70 g Sahne
1 TL Blockschokolade, gerieben

■ 2/3 der Orangenschale in dünne Scheiben schneiden. Heißen Kaffee darübergeben und ca. 30 Minuten ziehen lassen. Kaffee durch ein Sieb seihen, mit Zucker süßen, evtl. nochmal erhitzen und in Gläser verteilen.
■ Sahne steif schlagen und auf das Getränk geben. Mit restlicher Orangenschale und Blockschokolade garnieren.
■ Ergibt 4 Gläser.

Zubereitungszeit: 10 Min.

EW	Fett	KH	kcal/kJ
1 g	6 g	7 g	89/371

Mokka

Zutaten:
2 TL Kardamomkapseln
2 TL Kaffeepulver, sehr fein gemahlen

EW	Fett	KH	kcal/kJ
0 g	0 g	0 g	2/8

■ Kardamom mit einem Teelöffel zerdrücken und zusammen mit Kaffeepulver in eine Tasse geben.
■ Tasse zur Hälfte mit heißem Wasser auffüllen. Mischung in eine vorgewärmte Tasse abseihen und servieren.
■ Ergibt 1 Tasse.

Zubereitungszeit: 5 Min.

Tipp
Diesen Mokka genießt man ohne Zucker.

Heisses mit Schuss

Cappuccinococktail (Abb. S. 25)

Zutaten:
40 ml heißer Espresso
Kondensmilch
Zucker
2 EL Sahne
2 EL heiße Milch
4 cl Kaffeelikör

■ Espresso mit etwas Kondensmilch und Zucker verrühren und in ein hohes Glas gießen. Sahne halbsteif schlagen, Milch aufschäumen.
■ Zuerst Sahne, dann Kaffeelikör und dann Milch vorsichtig über einen Löffelrücken angießen, sodass 3 Schichten entstehen.

Zubereitungszeit: 5 Min.

EW	Fett	KH	kcal/kJ
4 g	10 g	19 g	226/944

Mokka mit Rum und Portwein

Zutaten:
125 ml Rum
125 ml Portwein
125 ml Mokka
1 TL Zucker

■ Rum mit Portwein gut vermengen und Mokka dazugießen. Mischung langsam erhitzen, nicht kochen lassen. Topf vom Herd nehmen und Zucker unterrühren. Sofort genießen.
■ Ergibt 3 Tassen.

Zubereitungszeit: 5 Min.

EW	Fett	KH	kcal/kJ
0 g	0 g	24 g	259/1085

Brennender Mokka

Zutaten:
185 ml Espresso
3 cl Cognac
2 EL Sahne
Vanillinzucker
Zucker

■ Heißen Espresso in vorgewärmte Tassen füllen. Cognac erwärmen, in einen Schöpflöffel gießen, anzünden und vorsichtig über dem Kaffee verteilen.
■ Sahne nach Belieben mit Vanillinzucker süßen und schlagen. Je einen Klecks Sahne auf den Mokka geben. Mit Zucker servieren.
■ Ergibt 2 Tassen.

Zubereitungszeit: 5 Min.

EW	Fett	KH	kcal/kJ
0 g	6 g	20 g	216/903

Kosakenkaffee

Zutaten:
4 TL Zucker
125 ml Rotwein
125 ml Kaffee
4 EL Wodka

■ Zucker und Rotwein mischen und erhitzen. Kaffee dazugießen. Mischung zum Kochen bringen, Wodka dazugeben. Kosakenkaffee heiß in dickwandige Gläser füllen.
■ Ergibt 2 Gläser.

Zubereitungszeit: 5 Min.

EW	Fett	KH	kcal/kJ
0 g	0 g	24 g	259/1085

Espresso Vanille (Abb. vorne)

■ Espressopulver mit 60 ml heißem Wasser gut verrühren, sodass sich das Pulver auflöst.
■ Sahne halbsteif schlagen.
■ Vanillelikör in ein dickwandiges Glas geben, Espresso langsam über einen Löffelrücken zugießen. Schlagsahne daraufgeben und servieren.

EW	Fett	KH	kcal/kJ
1 g	4 g	6 g	92/388

Zutaten:
1 EL Espressopulver (Instant)
1 EL Sahne
2 cl Vanillelikör

Zubereitungszeit: 5 Min.

Holländischer Kaffee (Abb. hinten)

Zutaten:
120 ml sehr starker Espresso (z. B. von Nescafé)
4 cl Eierlikör
25 g Sahne
Kakaopulver

Zubereitungszeit: 5 Min.

EW	Fett	KH	kcal/kJ
2 g	9 g	12 g	193/801

■ Vorgewärmtes Glas zur Hälfte mit heißem Espresso füllen, Eierlikör zugeben.
■ Sahne steif schlagen und Kaffee damit verzieren, mit Kakaopulver bestäuben.

Kaffee Mafioso

Zutaten:
1 TL brauner Zucker
185 ml starker Kaffee
4–6 cl Amaretto
2 EL Sahne
Grenadinesirup

Zubereitungszeit: 5 Min.

EW	Fett	KH	kcal/kJ
0 g	6 g	19 g	203/848

- Braunen Zucker im Kaffee auflösen. Amaretto anwärmen und dazugeben. Alles gut verrühren.
- Sahne steif schlagen und als Haube daraufsetzen, mit einem Spritzer Grenadinesirup verfeinern.
- Ergibt 2 Tassen.

Westindischer Kaffee

Zutaten:
2 cl weißer Rum
1 Nelke
1/2 TL Orangenschale (unbehandelt)
1 TL Zucker
30 ml Espresso
1 EL Sahne
1 Zimtstange

- Rum mit Nelke, Orangenschale und Zucker langsam erhitzen. Heißen Espresso dazugießen. Mischung sofort in eine vorgewärmte Tasse geben.
- Sahne steif schlagen und Kaffee damit garnieren. Mit der Zimtstange einige Minuten umrühren, sodass sich das Zimtaroma verbreitet.

Zubereitungszeit: 5 Min.

EW	Fett	KH	kcal/kJ
0 g	3 g	5 g	113/471

Tipp
Weil sich die ätherischen Öle der Nelke schnell verflüchtigen, sollten Nelken luftdicht verpackt gelagert werden.

Latte Macchiato spezial (Abb.)

Zutaten:
250 ml Milch
8 cl Kaffeelikör
60 ml Espresso
2 EL Zucker

■ Milch erhitzen und schaumig schlagen. Kaffeelikör in hohe Gläser füllen, heiße Milch vorsichtig dazugießen.
■ Espresso mit Zucker verrühren, je 1 Tasse über einen umgedrehten Kaffeelöffel in die heiße Milch laufen lassen.
■ Ergibt 2 Gläser.

Zubereitungszeit: 5 Min.

EW	Fett	KH	kcal/kJ
12 g	12 g	54 g	472/1979

Eiermokka

Zutaten:
1 Eigelb
1 TL brauner Zucker
30 ml Espresso
2 Schuss Cognac

Zubereitungszeit: 5 Min.

EW	Fett	KH	kcal/kJ
3 g	6 g	5 g	116/481

■ Kaffeetasse im Backofen oder auf der Espressomaschine erwärmen.
■ Eigelb mit Zucker in der Tasse gut verrühren, mit Espresso auffüllen, dabei kräftig rühren.
■ Cognac dazugeben und Eiermokka auslöffeln.

Fliegender Holländer

Zutaten:
500 ml starker Kaffee
8 cl Eierlikör
100 g Sahne
1 TL Zucker
1 TL Kakaopulver
1 TL Kaffeepulver

■ Kaffee und Eierlikör mischen. Sahne mit Zucker steif schlagen. Kaffee-Eierlikör-Mischung auf vorgewärmte Tassen verteilen. Jede Tasse mit Sahnehaube, Kakaopulver und Kaffeepulver garnieren.

■ Ergibt 4 Tassen.

Zubereitungszeit: 5 Min.

EW	Fett	KH	kcal/kJ
2 g	9 g	8 g	146/605

Adventskaffee

Zutaten:
1 EL Rum-Rosinen
250 ml Kaffee
2 EL Sahne
Zitronenschale

■ Rum-Rosinen in eine Tasse geben. Kaffee darübergießen und kurz ziehen lassen. Sahne steif schlagen und darübergeben. Mit Zitronenschale garniert servieren.

Zubereitungszeit: 5 Min.

EW	Fett	KH	kcal/kJ
1 g	6 g	4 g	95/393

Café Noisette
(Abb.)

Zutaten:
500 ml starker Kaffee
(z. B. von Mövenpick)
100 g Sahne
10 cl Kirschwasser
Zucker

Zubereitungszeit: 5 Min.

EW	Fett	KH	kcal/kJ
1 g	8 g	2 g	147/608

■ Kaffee und Sahne in einem Topf langsam erhitzen. Kirschwasser zufügen. Nach Belieben mit Zucker süßen.
■ Ergibt 4 Tassen.

Southern Belle

Zutaten:
2 cl Southern Comfort
2 cl Apricot Brandy
2 EL Sahne
100 ml Kaffee
1 frische Aprikosenscheibe

Zubereitungszeit: 5 Min.

EW	Fett	KH	kcal/kJ
0 g	6 g	3 g	170/705

- Southern Comfort, Apricot Brandy und Sahne im Shaker mixen oder mit dem Schneebesen verrühren.
- Kaffee nicht zu heiß zu den restlichen Zutaten geben.
- Alles in ein hohes Glas gießen und mit Aprikosenscheibe garnieren.

Königlicher Kaffee

- Sekt zum Kochen bringen, über das Kaffeepulver gießen. Zugedeckt ca. 5 Minuten ziehen lassen. Durch ein Sieb in eine Tasse gießen.

Zubereitungszeit: 5 Min.

EW	Fett	KH	kcal/kJ
0 g	0 g	2 g	97/405

Zutaten:
125 ml Sekt
1 TL Kaffeepulver

Irish Coffee

Zutaten:
2 EL Kaffeepulver
8 cl Irischer Whiskey
50 g Zucker
4 EL Sahne

Zubereitungszeit: 10 Min.

EW	Fett	KH	kcal/kJ
0 g	3 g	13 g	133/558

- Mit dem Kaffeepulver 500 ml Kaffee kochen, noch heiß mit Whiskey und Zucker verrühren und auf 4 Irish-Coffee-Gläser verteilen.
- Sahne steif schlagen und jedes Glas mit einer Sahnehaube krönen. Nach Wunsch mit Gebäck servieren.
- Ergibt 4 Gläser.

Eierpunsch

Zutaten:
1 TL Kakaopulver
250 ml starker Kaffee
40 ml Eierlikör
2 EL Sahne

- Kakaopulver in 1 EL Kaffee auflösen. Restlichen Kaffee und Eierlikör in ein Glas füllen, Kakao dazugeben. Sahne steif schlagen und Eierpunsch damit garnieren.

Zubereitungszeit: 5 Min.

EW	Fett	KH	kcal/kJ
3 g	6 g	12 g	166/691

Tipp
Eierpunsch mit einem Schuss Kahlua verfeinern.

Kaiser Melange

- Eigelb mit 1 TL kaltem Wasser in einer Tasse verrühren.
- Sahne unter Rühren aufkochen lassen, zusammen mit Zucker dazugeben, gut umrühren. Tasse mit Kaffee auffüllen. Cognac dazugießen und sofort servieren.
- Ergibt 1 Tasse.

EW	Fett	KH	kcal/kJ
4 g	15 g	11 g	229/950

Zutaten:
1 Eigelb
3 EL Sahne
2 TL Zucker
125 ml starker Kaffee
1 EL Cognac

Zubereitungszeit: 5 Min.

Normannischer Kaffee

- Honig und Vanillesirup in ein großes Glas geben. Calvados dazugießen. Heißen Kaffee dazugeben. Sahne halbsteif schlagen, auf den Kaffee geben und mit etwas Zimt bestreut servieren.

Zutaten:
1 EL Honig
1 EL Vanillesirup
2 cl Calvados
175 ml starker Kaffee
2 EL Sahne
Zimt

Zubereitungszeit: 5 Min.

EW	Fett	KH	kcal/kJ
0 g	6 g	16 g	173/721

Tipp
Wie Sie Vanillesirup selbst herstellen können, erfahren Sie auf Seite 19.

Kaffee St. Petersburg

Zutaten:
500 ml Kaffee
2 Nelken
abgeriebene Schale von
1 Zitrone (unbehandelt)
1/2 Zimtstange
6 TL Zucker
80 ml Cognac
20 ml Cointreau
40 ml Orangensaft
80 ml Kondensmilch
1 TL Vanillinzucker
1/2 TL Kakaopulver
4 Mini-Orangen

■ In einem flachen Gefäß 100 ml Kaffee, Nelken, Zitronenschale, Zimt und Zucker aufkochen. Alkohol hinzufügen, flambieren und mit restlichem Kaffee und Saft ablöschen.
■ Milch und Vanillinzucker schaumig rühren. Schaum auf den Kaffee geben, mit Kakao bestreuen und mit je 1 Mini-Orange garnieren.
■ Ergibt 4 Tassen.

EW	Fett	KH	kcal/kJ
2 g	2 g	16 g	154/618

Zubereitungszeit: 5 Min.

Brandy Espresso

Zutaten:
1 TL Kakaopulver
2 Msp. Zimtpulver
4 cl Brandy
2–4 TL Zucker
200 ml Espresso
2 Zimtstangen

Zubereitungszeit: 5 Min.

EW	Fett	KH	kcal/kJ
1 g	1 g	22 g	196/822

■ Kakaopulver und Zimt auf Gläser verteilen. Brandy und Zucker zugeben und gründlich verrühren. Heißen Espresso dazugießen. Jeweils 1 Zimtstange in den Espresso geben und sofort servieren.
■ Ergibt 2 Gläser.

Espresso Surprise

■ Sahne mit Vanillinzucker steif schlagen. Je 1 Kaffee-Praline in 4 Espressotassen geben, je 1 TL Sambuca zugeben und mit Espresso auffüllen. Sahne auf Gläser verteilen und sofort servieren.

■ Ergibt 4 Gläser.

Zubereitungszeit: 5 Min.

EW	Fett	KH	kcal/kJ
0 g	7 g	20 g	163/685

Zutaten:
80 g Sahne
2 TL Vanillinzucker
4 Kaffeepralinen
(z. B. Pocket Coffee)
4 TL Sambuca
120 ml Espresso

Pharisäer

■ Rum stark erhitzen und zu dem heißen Kaffee geben. Mischung in vorgewärmte Gläser gießen, Sahne steif schlagen und daraufgeben. Mit Strohhalm genießen.

■ Ergibt 2 Gläser.

EW	Fett	KH	kcal/kJ
0 g	6 g	1 g	124/513

Zutaten:
4 cl Rum
250 ml Kaffee
4 EL Sahne

Zubereitungszeit: 5 Min.

Coco-Coffee

Zutaten:
1 TL Kokosflocken
2 cl Kokoslikör
250 ml starker Kaffee
2 EL Sahne

■ Kokosflocken in einer beschichteten Pfanne ohne Fett leicht anrösten, bis sie hellbraun sind. Kokoslikör und Kaffee verrühren. Sahne steif schlagen. Kaffee in eine Tasse füllen. Sahnehaube daraufsetzen und mit Kokosflocken bestreuen.

Zubereitungszeit: 5 Min.

EW	Fett	KH	kcal/kJ
1 g	9 g	6 g	136/566

Café brûlot

Zutaten:
4 cl Cognac
4 Nelken
2 Zimtstangen
1/2 Orange (unbehandelt)
1/2 Zitrone (unbehandelt)
3 TL Zucker
450 ml starker Kaffee (z. B. von Mövenpick)

Zubereitungszeit: 5 Min.

EW	Fett	KH	kcal/kJ
0 g	0 g	5 g	50/212

■ Cognac, Nelken und Zimtstangen in einen kleinen Topf geben. Orange und Zitrone schälen und Schale zusammen mit Zucker hinzufügen. Mischung erhitzen und anzünden, dabei leicht umrühren.
■ Zimtstangen und Nelken entfernen. Tassen zu 2/3 mit Kaffee füllen, Cognac zufügen und sofort genießen.
■ Ergibt 4 Tassen.

Eidgenossenkaffee

Zutaten:
2 cl Birnengeist
2 cl Kirschwasser
2 cl Zwetschgenwasser
4 Würfel brauner Zucker
450 ml starker Kaffee

Zubereitungszeit: 5 Min.

EW	Fett	KH	kcal/kJ
0 g	0 g	10 g	78/328

- Birnengeist, Kirschwasser und Zwetschgenwasser in ein vorgewärmtes Gefäß geben und verrühren.
- Jeweils 1 Würfel braunen Zucker in eine Tasse geben und mit Kaffee übergießen. Gemischten Alkohol dazugeben und sofort genießen.
- Ergibt 4 Tassen.

Pfefferminzkaffee

- Kaffee mit Trinkschokolade vermengen und mit Sirup süßen. Pfefferminzlikör in ein hohes Glas gießen und mit Kaffee-Schokolade auffüllen.
- Sahne steif schlagen und Pfefferminzkaffee damit garnieren. Nach Wunsch mit Schokoladenstreuseln bestreut servieren.

Zubereitungszeit: 5 Min.

EW	Fett	KH	kcal/kJ
2 g	8 g	6 g	125/259

Zutaten:
125 ml starker Kaffee
100 ml Trinkschokolade
1 TL Schokoladensirup
2 cl Pfefferminzlikör
4 EL Sahne
Schokoladenstreusel

Schwyzer Kaffee

Zutaten:
3 EL Zucker
4 cl Birnengeist
4 EL Kondensmilch
120 ml Espresso
2 EL Pistazien
2 Mini-Birnen (Glas)

■ Zucker, Birnengeist und Milch schaumig schlagen und in hohe Gläser füllen. Mit sehr heißem Espresso langsam aufgießen. Pistazien fein hacken. Birnen halbieren, in Pistazien wenden und je eine halbe Birne in die Gläser geben.
■ Ergibt 4 Gläser.

Zubereitungszeit: 5 Min.

EW	Fett	KH	kcal/kJ
2 g	3 g	13 g	111/465

Rüdesheimer Kaffee

Zutaten:
50 g Sahne
1 Päckchen Vanillinzucker
6 Stück Würfelzucker
8 EL Asbach Uralt
300 ml Kaffee
Schokoraspel

■ Sahne mit Vanillinzucker steif schlagen.
■ Je 3 Stück Zucker in einen Becher geben. Asbach Uralt erhitzen, über den Zucker gießen und anzünden. Wenn die Flamme erloschen ist, heißen Kaffee darübergießen, mit Sahne und Schokoraspel garnieren.
■ Ergibt 2 Tassen.

Zubereitungszeit: 5 Min.

EW	Fett	KH	kcal/kJ
1 g	10 g	39 g	342/1429

Kaffee Bénédictine

Zutaten:
125 ml Kaffee
1 EL Zucker
4 cl Bénédictine
2 EL Sahne
Kakaopulver

■ Heißen Kaffee mit Zucker vermischen. Bénédictine dazugeben. Sahne steif schlagen und Sahnehaube auf den Kaffee geben. Nach Wunsch mit Kakaopulver bestäuben und sofort servieren.

Zubereitungszeit: 5 Min.

EW	Fett	KH	kcal/kJ
0 g	1 g	7 g	110/457

Kaffee Tia-Maria

Zutaten:
4 cl Tia-Maria (Kaffeelikör), 2 cl brauner Rum
2 TL Zucker
125 ml Espresso
60 g Sahne
1/2 TL Puderzucker, Zimt

■ Tia-Maria, Rum und Zucker in Gläser verteilen und Espresso darübergießen. Sahne mit Puderzucker cremig schlagen. Kaffee mit Sahnehaube krönen und sofort servieren. Nach Wunsch mit Zimt bestäuben.

Zubereitungszeit: 5 Min.

EW	Fett	KH	kcal/kJ
1 g	19 g	12 g	357/1481

KALTER KAFFEE

White Russian (Abb. S. 39 rechts)

Zutaten:
2 cl Wodka
20 ml Eiskaffee »Xpress White« (Fertigprodukt)
2 cl Kahlua (Kaffeelikör)
20 g Sahne
gestoßenes Eis
Sternfrucht
1 Cocktailkirsche

■ Wodka, Eiskaffee, Kahlua und Sahne auf viel gestoßenem Eis im Shaker vermischen und mithilfe eines Barsiebes in eine Cocktailschale füllen.

■ Sternfrucht waschen und in Scheiben schneiden. 1 Scheibe mit Cocktailkirsche auf einen Spieß stecken und den Drink damit garnieren.

Zubereitungszeit: 5 Min.

EW	Fett	KH	kcal/kJ
2 g	10 g	13 g	231/962

Macadamiamix (Abb. S. 39 hinten)

Zutaten:
1,5 cl Macadamiasirup
250 ml Eiskaffee (z. B. von Nescafé)
2 EL Sahne
Muskatnuss, gerieben
Macadamianuss

■ Macadamia-Sirup und Eiskaffee in einen Shaker geben, gut schütteln und in ein Longdrinkglas gießen.

■ Sahne steif schlagen und darübergeben. Muskatnuss aufstreuen und nach Wunsch mit Macadamianuss garnieren.

Zubereitungszeit: 5 Min.

EW	Fett	KH	kcal/kJ
4 g	47 g	28 g	554/2298

Peppermint-Power-Coffee (Abb. S. 39 vorne)

Zutaten:
1,5 cl Pfefferminzsirup
250 ml Eiskaffee »Xpress White«
1 EL Sahne
1/2 TL Schokoraspel
1–2 Täfelchen Pfefferminzschokolade

■ Pfefferminzsirup und Eiskaffee in einem Shaker vermischen und in ein Longdrinkglas füllen.

■ Sahne steif schlagen. Kaffee mit Sahne, Schokoraspeln und Pfefferminzschokoladen-Täfelchen dekorieren.

Zubereitungszeit: 5 Min.

EW	Fett	KH	kcal/kJ
5 g	48 g	35 g	604/2507

Kahlua Espresso

Zutaten:
3 cl Curaçao Triple Sec
3 cl Kahlua
2 EL kalter Espresso

■ Curaçao, Kahlua und kalten Espresso in einen Shaker geben, kräftig durchschütteln und nach Wunsch auf Eis servieren.

Zubereitungszeit: 5 Min.

EW	Fett	KH	kcal/kJ
1 g	1 g	9 g	108/453

Geeister Kaffee in Vanillemilch

- Kaffee am Vortag zubereiten und in Eiskugelbeuteln einfrieren. Vanilleschoten längs einritzen und Mark herauskratzen. 500 ml Milch in einen Topf geben, Vanillemark und ausgehöhlte Vanilleschoten dazugeben und aufkochen lassen. Vanilleschoten herausnehmen.
- Vanillemilch auf Gläser verteilen und abkühlen lassen.
- Restliche Milch aufschäumen. Kaffee-Eiskugeln aus den Beuteln nehmen und auf der Vanillemilch verteilen. Milchschaum dazugeben. Nach Bedarf zuckern. Sofort servieren.
- Ergibt 4 Gläser.

EW	Fett	KH	kcal/kJ
6 g	6 g	11 g	134/564

Zutaten:
1 l starker Kaffee
2 Vanilleschoten
750 ml Milch
Zucker

Zubereitungszeit: 10 Min.

Hobby

- In einer Schüssel Eiswürfel, Likör, Kaffeepulver, Sahne, 125 ml Wasser und Zucker verquirlen. Flüssigkeit in ein Glas seihen. Haselnüsse in einer beschichteten Pfanne ohne Fett anrösten und dazugeben.
- Ergibt 1 Glas.

Zubereitungszeit: 10 Min.

EW	Fett	KH	kcal/kJ
4 g	17 g	9 g	230/956

Zutaten:
Eiswürfel
4 cl Kakao-Nuss-Likör
1 TL Kaffeepulver
1 TL Sahne
1/2 TL Zucker
50 g Haselnüsse

Creamy Ice-Coffee mit Karamellfäden

Zutaten:
60 g Zucker
500 ml Milch
4 Kugeln Mokkaeis
4 Kugeln Walnusseis
4 cl Mokkalikör
4 TL Kaffeepulver
2 TL Zucker

Zubereitungszeit: 10 Min.

EW	Fett	KH	kcal/kJ
7 g	8 g	34 g	255/1073

■ Für die Karamellfäden Zucker in einer großen Pfanne ohne Rühren bei mittlerer Hitze karamellisieren, auskühlen lassen und nochmals erwärmen, bis der Karamell dickflüssig ist. Einen Löffel hineintauchen und mit 2 Fingern sehr schnell Fäden auf ein Backpapier abziehen. Wenn der Karamell zu fest wird, wieder erwärmen.

■ Milch, Eis, Mokkalikör, Kaffeepulver und Zucker in einen Mixer geben und schaumig aufschlagen. Shake in hohe Gläser füllen und mit den Karamellfäden garniert servieren.

■ Ergibt 4 Gläser.

Ananaskaffee

Zutaten:
125 ml starker Kaffee
125 ml Ananassaft
Eiswürfel, 1/2 Ananas
2 Kugeln Vanilleeis

Zubereitungszeit: 10 Min.

■ Kaffee vollständig abkühlen lassen. Zusammen mit gut gekühltem Saft über Eiswürfel in 2 Gläser verteilen. Ananas klein schneiden und dazugeben. Jeweils 1 Kugel Vanilleeis daraufsetzen, mit langstieligem Löffel und Strohhalm servieren.

■ Ergibt 2 Gläser.

EW	Fett	KH	kcal/kJ
2 g	2 g	16 g	95/404

Carioca

■ Eis zerkleinern und mit Sanddornsirup, Zuckerrohrschnaps, Grand Marnier und Kaffeepulver in einem Shaker kräftig mischen. In ein Cocktailglas abseihen. Sahne schlagen und als Haube daraufsetzen.

EW	Fett	KH	kcal/kJ
0 g	3 g	37 g	266/1116

Tipp
Nach Belieben Glasrand zuckern und mit einer Orangenscheibe, auf die eine Cocktailkirsche gespickt ist, dekorieren.

Zutaten:
Eiswürfel
2 EL Sanddornsirup
2 cl Zuckerrohrschnaps
2 cl Grand Marnier
2 TL Kaffeepulver
1 EL Sahne

Zubereitungszeit: 10 Min.

Cappuccino on ice

Zutaten:
100 ml Espresso
4 EL Nuss-Nougat-Creme (z. B. Nutella)
300 ml gut gekühlte Milch
4 Kugeln Vanilleeis
Sahne
Kakaopulver

Zubereitungszeit: 5 Min.

EW	Fett	KH	kcal/kJ
6 g	17 g	28 g	294/1225

■ Espresso vollständig abkühlen lassen. Nuss-Nougat-Creme mit Espresso, Milch und Vanilleeis verquirlen und in Gläser oder Tassen füllen.
■ Nach Wunsch mit einer Sahnehaube und mit Kakaopulver bestäubt servieren.
■ Ergibt 4 Gläser.

Madame

Zutaten:
gestoßenes Eis
8 TL Zuckersirup
4 cl Kirschwasser
500 ml Kaffee
250 g Sahne

■ Gläser zur Hälfte mit gestoßenem Eis füllen. Zuckersirup und Kirschwasser dazugeben.
■ Kaffee vollständig erkalten lassen. Gläser damit auffüllen, Sahne steif schlagen und als Haube daraufsetzen.

■ Ergibt 4 Gläser.

Zubereitungszeit: 5 Min.

EW	Fett	KH	kcal/kJ
1 g	19 g	17 g	280/1163

Cool Liaison

Zutaten:
300 ml Mokka
300 ml Kakao, mit Sahne gekocht
30 ml Cognac,
150 g Sahne, steif geschlagen

■ Mokka und Kakao miteinander vermischen, im Gefrierfach stark an-, aber nicht durchfrieren lassen. Mit einem Handrührgerät schnell durchrühren, Cognac und Sahne nach und nach dazugeben.

■ Ergibt 4 Gläser.

Zubereitungszeit: 15 Min.

EW	Fett	KH	kcal/kJ
4 g	18 g	7 g	219/907

Geschwinder Kaffee

Zutaten:
2–3 TL Kaffeepulver
Eiswürfel
1 EL Zuckersirup
30 g Sahne

■ Kaffeepulver mit 250 ml Wasser in einem Shaker gut vermischen. Eiswürfel dazugeben. Zuckersirup unterrühren. Kaffee in ein hohes Glas füllen. Sahne halbsteif schlagen und darübergeben.

■ Ergibt 2 Gläser.

Zubereitungszeit: 5 Min.

EW	Fett	KH	kcal/kJ
0 g	0 g	8 g	78/327

Schoko-Kaffee-Traum

Zutaten:
500 ml Kaffee
500 ml Trinkschokolade
4 Kugeln Vanilleeis
125 g Sahne

Zubereitungszeit: 5 Min.

■ Kaffee vollständig erkalten lassen und zusammen mit Trinkschokolade in den Kühlschrank stellen. Je 1 Kugel Vanilleeis in 4 Gläser geben. Gut gekühlten Kaffee und Trinkschokolade vermischen und über die Eiskugeln verteilen. Sahne steif schlagen und Eiskaffee damit garnieren.

■ Ergibt 4 Gläser.

EW	Fett	KH	kcal/kJ
6 g	16 g	15 g	233/971

Hot Caribbean

Zutaten:
2 cl Rum
2 cl Curaçao Triple Sec (ersatzweise Cointreau)
125 ml starker Kaffee
2 EL Sahne
Schale von 1/2 Orange (unbehandelt)

Zubereitungszeit: 5 Min.

EW	Fett	KH	kcal/kJ
1 g	6 g	1 g	172/712

■ Rum und Curaçao Triple Sec in ein Glas geben und gut verrühren. Kaffee vollständig erkalten lassen und dazugeben. Sahne schlagen und daraufgeben. Mit Orangenschale garnieren.

Tipp
Spiralen aus Orangenschalen lassen sich am besten mit einem Sparschäler oder profihaft mit einem Zestenreißer herstellen.

Pfirsich-Jogurt-Shake

Zutaten:
1 reifer Pfirsich
1 Becher Sahnejogurt (150 g)
1 TL Kaffeepulver (Instant)

Zubereitungszeit: 10 Min.

■ Pfirsichhaut kreuzweise einritzen, kurz in kochendes Wasser legen, dann abschrecken und die Haut abziehen. Pfirsich halbieren und den Stein herauslösen. Fruchtfleisch würfeln und in einen Mixer geben.
■ Jogurt zufügen und alles pürieren. Kaffeepulver in 1–2 EL heißem Wasser auflösen und unter den Pfirsich-Jogurt-Shake mischen.

EW	Fett	KH	kcal/kJ
8 g	7 g	15 g	165/694

Kaffeenektar

Zutaten:
600 ml starker Kaffee
500 ml Mokkaeis
1 EL Angostura
Eiswaffeln

■ Kaffee vollständig erkalten lassen. Mit Mokkaeis und Angostura cremig schlagen und in hohe Gläser füllen.
■ Eiswaffeln nach Belieben dazu reichen.
■ Ergibt 4 Gläser.

Zubereitungszeit: 5 Min.

EW	Fett	KH	kcal/kJ
9 g	14 g	31 g	296/1237

Eiskaffee Steppenwind

Zutaten:
30 ml Wodka
1 Kugel Schokoladeneis
1 Kugel Vanilleeis
125 ml starker Kaffee
2 EL Sahne

Zubereitungszeit: 5 Min.

EW	Fett	KH	kcal/kJ
3 g	9 g	9 g	211/875

■ Wodka, Schokoladen- und Vanilleeis in ein Glas geben. Kaffee dazugeben. Sahne steif schlagen und Glas mit einem Sahnehäubchen garnieren.

Amerikanischer Eiskaffee

■ Kirschen abtropfen lassen und mit Kirschwasser und Sahne in ein Mixgefäß geben. Kaffee dazugeben. Alles mit dem Stabmixer pürieren. Im Kühlschrank durchkühlen lassen. In Gläser füllen und mit Kirschen garniert servieren.
■ Ergibt 4 Gläser.

Zubereitungszeit: 5 Min.

EW	Fett	KH	kcal/kJ
0 g	3 g	6 g	92/384

Zutaten:
100 g Schattenmorellen, entsteint (Glas)
6 cl Kirschwasser
4 EL Sahne
500 ml starker Kaffee
Kirschen

Exotic Dream

■ Vanilleeis in Kugeln in hohe Gläser füllen. Kaffee vollständig erkalten lassen, über das Eis gießen.
■ Sahne steif schlagen und Kaffee damit garnieren. Mit einem Strohhalm und nach Wunsch mit Schokoraspeln garniert servieren.
■ Ergibt 4 Gläser.

EW	Fett	KH	kcal/kJ
5 g	15 g	13 g	216/897

Zutaten:
250 g Vanilleeis
500 ml starker Kaffee
125 g Sahne
Schokoraspel

Zubereitungszeit: 5 Min.

Rum-Coca-Coffee (Abb. links)

Zutaten:
Eiswürfel
6 cl Rum
1 TL Kaffeepulver
Coca-Cola
1 TL Zitronensaft

■ Eiswürfel in ein hohes Glas legen. Rum und Kaffeepulver dazugeben, umrühren und mit Coca-Cola auffüllen. Zitronensaft dazugießen.

Zubereitungszeit: 5 Min.

EW	Fett	KH	kcal/kJ
0 g	0 g	6 g	208/865

Kaffee Wermut (Abb. 2. von links)

Zutaten:
Eiswürfel
6 cl Wermut
1 TL Kaffeepulver
350 g Sahne
Sternfrucht zum Garnieren

■ Mixbecher mit Eis und Wermut füllen. Kaffeepulver in Sahne auflösen und dazugießen. Mixbecher schließen und alles gut durchschütteln.

■ Flüssigkeit in 2 Gläser seihen und mit je 1 Scheibe Sternfrucht oder Zitrone garnieren.

■ Ergibt 2 Gläser.

Zubereitungszeit: 5 Min.

EW	Fett	KH	kcal/kJ
4 g	55 g	11 g	591/2441

Hardy (Abb. S. 48, 3. von links)

- Eiswürfel und 1 Spritzer Angostura in einen Mixbecher geben. Kaffeepulver in 1/2 Tasse Wasser auflösen. Kaffee ebenfalls in den Mixbecher gießen und gut mischen.
- Flüssigkeit durch ein Sieb in ein Glas seihen. Eiswürfel dazugeben.

Tipp
Angostura ist ein Bitterlikör mit einem Alkoholgehalt von 48 Vol.-%.

Zubereitungszeit: 5 Min.

Zutaten:
4–6 Eiswürfel
Angostura
1 TL Kaffeepulver

EW	Fett	KH	kcal/kJ
0 g	0 g	0 g	27/113

Kaffee Kirsch (Abb. S. 48, rechts)

- Kaffee vollständig erkalten lassen und mit Kirschwasser, Cognac und Puderzucker über Eiswürfeln im Shaker gründlich mixen. Reichlich Eiswürfel in ein Glas geben, Kaffee durch ein Sieb dazugeben. Sahne steif schlagen und als Haube daraufsetzen. Nach Belieben mit Kirschen garnieren.

Zubereitungszeit: 5 Min.

EW	Fett	KH	kcal/kJ
0 g	0 g	2 g	24/101

Zutaten:
50 ml starker Kaffee
2 EL Kirschwasser
2 EL Cognac
2 TL Puderzucker
Eiswürfel
Sahne
Kirschen

Kaffeecocktail (Abb. S. 48, 2. von rechts)

- Eigelb, Cognac, Sherry, Zucker und Kaffeepulver in einem Mixbecher mit Eiswürfeln gut durchmischen.
- Durch ein Sieb in ein Glas seihen. Eiswürfel dazugeben.

Zubereitungszeit: 5 Min.

EW	Fett	KH	kcal/kJ
3 g	6 g	5 g	127/528

Zutaten:
1 Eigelb, 1 EL Cognac
1 EL trockener Sherry
1 TL Zucker
1 Msp. Kaffeepulver
Eiswürfel

Kleinigkeit

- Mixbecher mit Eiswürfeln und Gin füllen, Kaffeepulver in 75 ml Wasser auflösen und darübergießen. Nach Belieben zuckern und mit einem Löffel gut durchrühren. Durch ein Sieb in ein Longdrinkglas seihen und mit Strohhalm servieren.

Zubereitungszeit: 5 Min.

EW	Fett	KH	kcal/kJ
3 g	6 g	5 g	127/528

Zutaten:
Eiswürfel
2 cl Gin
1 TL Kaffeepulver
Zucker

Zitronenkaffee

Zutaten:
1 TL Zucker
125 ml starker Kaffee
1 TL Rum
1 TL Zitronensaft
Eiswürfel
1 EL Sahne
Zitronenschale

Zubereitungszeit: 5 Min.

EW	Fett	KH	kcal/kJ
0 g	3 g	5 g	69/288

■ Zucker zum noch heißen Kaffee geben. Nach dem Erkalten mit Rum und Zitronensaft mischen. Mit Eiswürfeln in ein hohes Glas füllen. Sahne halbsteif schlagen und auf das Getränk geben. Mit Zitronenschale garnieren.

Eiskaffee verkehrt

Zutaten:
100 g Kaffeepulver
125 g Würfelzucker
500 ml Milch
400 g Sahne
Vanillinzucker

Zubereitungszeit: 10 Min.

■ Kaffeepulver mit 500 ml Wasser überbrühen. Würfelzucker darin auflösen. Abkühlen lassen. Milch aufkochen lassen. 300 g Sahne und Kaffee dazugießen, Mischung im Kühlschrank stark abkühlen lassen. Anschließend in Gläser füllen. Restliche Sahne mit Vanillinzucker schlagen, Eiskaffee damit garnieren.
■ Ergibt 4 Gläser.

EW	Fett	KH	kcal/kJ
6 g	36 g	40 g	515/2145

Nightlife-Drink

■ 150 ml Espresso erhitzen, Kaffeepralinen und Zucker darin auflösen und erkalten lassen. Restlichen Espresso mit Grappa vermischen.
■ Süßen Espresso auf Gläser verteilen. Milch mit einem Milchschäumer cremig aufschlagen, vorsichtig daraufschichten und Grappa-Espresso so langsam zugeben, dass sich 4 Schichten bilden.
■ Ergibt 4 Gläser.

EW	Fett	KH	kcal/kJ
4 g	2 g	19 g	203/851

Zutaten:
300 ml Espresso
6 Kaffeepralinen (z. B. Pocket Coffee)
6–8 TL Zucker
4 cl Grappa
500 ml kalte Milch

Zubereitungszeit: 10 Min.

Tipp
Am besten klappt es, wenn Sie den Grappa-Espresso über einen Löffelrücken angießen.

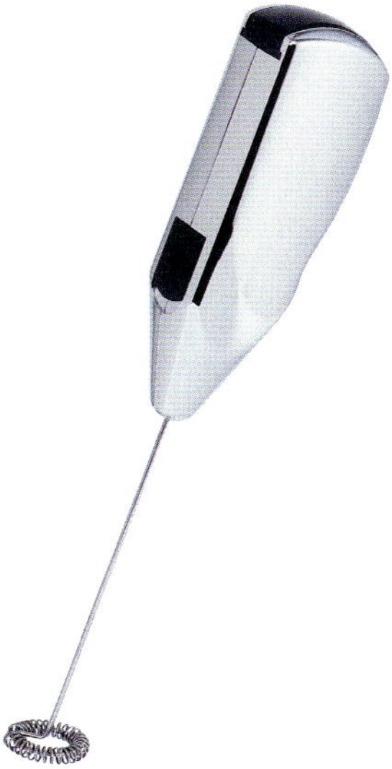

Cheerio

Zutaten:
1 TL Kaffeepulver
Eiswürfel
2 cl Weinbrand
75 g Sahne
1 EL Zucker
2 Eigelb
Kakaopulver

■ Kaffeepulver in 250 ml Wasser auflösen. Eiswürfel und Weinbrand in einen Cocktail-Shaker geben und mit Sahne, Zucker und Eigelb gut durchschütteln. Kaffee dazugießen und noch einmal gut durchmixen. In Cocktailgläser seihen und mit etwas Kakaopulver bestreut servieren.

■ Ergibt 2 Gläser.

Zubereitungszeit: 5 Min.

EW	Fett	KH	kcal/kJ
3 g	16 g	7 g	213/882

Königspunsch

Zutaten:
500 ml starker Kaffee
2 EL Puderzucker
4 cl Cognac
Eiswürfel
1 Flasche trockener Sekt
Zubereitungszeit: 5 Min.

■ Kaffee vollständig erkalten lassen. Mit Puderzucker und Cognac mischen und im Kühlschrank noch einmal gut durchkühlen lassen.

■ Bowlegefäß zu 1/3 mit Eiswürfeln füllen. Kaffee darübergießen. Kurz vor dem Servieren mit Sekt übergießen.

■ Ergibt 8–10 Gläser.

EW	Fett	KH	kcal/kJ
0 g	0 g	3 g	75/314

Kühle Melange

Zutaten:
500 ml Milch
8 TL Kaffeepulver (Instant)
4 Kugeln Mokkaeis
250 g Sahne
Kaffeebohnen

■ Milch auf Gläser verteilen und je 2 TL Kaffeepulver darin auflösen. Je 1 Kugel Mokkaeis dazugeben. Sahne steif schlagen und darüber verteilen. Nach Wunsch mit Kaffeebohnen garnieren.

■ Ergibt 4 Gläser.

Zubereitungszeit: 5 Min.

EW	Fett	KH	kcal/kJ
0 g	0 g	3 g	75/314

Hemingway

Zutaten:
3–4 Eiswürfel
125 ml Kaffee
2 cl Cognac
2 cl Maraschino
1 Schuss Angostura
Zucker, Nelkenpulver

■ Eiswürfel in ein Glas geben. Kaffee im Kühlschrank eiskalt werden lassen und über die Eiswürfel gießen. Cognac, Maraschino und Angostura dazugeben.

■ Nach Geschmack Zucker und Nelkenpulver einrühren. Mit einem Strohhalm servieren.

Zubereitungszeit: 5 Min.

EW	Fett	KH	kcal/kJ
0 g	0 g	11 g	163/680

Gebäck und Konfekt

Cappuccino-Kirsch-Muffins (Abb. S. 53)

Zutaten:
100 g Schokolade
100 g Butter, 3 Eier
80 g Puderzucker
30 g Cappuccinopulver (Instant), 150 g Mehl
2 TL Backpulver
1/2 TL Natron
200 g Frischkäse
1 TL abgeriebene Orangenschale (unbehandelt)
4 EL Orangensaft
200 g Sauerkirschen (Glas)
Butter zum Einfetten
Mehl zum Bestäuben
Für die Glasur:
2–3 EL Kirschsaft
100 g Puderzucker

■ Klein gehackte Schokolade mit Butter schmelzen.
■ 2 Eier, 50 g Puderzucker und Cappuccinopulver schaumig schlagen.
■ 100 g Mehl, Backpulver und Natron abwechselnd mit der Schokoladen-Butter-Mischung unter die Eimasse ziehen.
■ Frischkäse mit Orangenschale und -saft glatt rühren und restliches Ei sowie restliches Mehl und Puderzucker einarbeiten.
■ Sauerkirschen abtropfen lassen. Muffinblech einfetten und mit Mehl bestäuben. Die Hälfte der Schokoladen-Masse darin verteilen und die Hälfte der Kirschen daraufsetzen. Frischkäsemasse einfüllen und darauf restlichen Schokoladenteig sowie die Kirschen geben. Im vorgeheizten Backofen bei 180 Grad 20–25 Minuten backen.
■ Für die Glasur Kirschsaft erwärmen und mit Puderzucker zu einem dicklichen Guss verrühren, Muffins damit bestreichen und trocknen lassen.
■ Ergibt 12 Stück.

Zubereitungszeit: 30 Min.

EW	Fett	KH	kcal/kJ
4 g	11 g	32 g	250/1049

Crêpes de café

Zutaten:
1 TL Kaffeepulver
125 ml Milch
250 g Mehl
3 Eier, 1 Prise Salz
2 TL Zucker
1 EL Butter
250 g Sahnequark

Zubereitungszeit: 30 Min.

■ Kaffeepulver und 100 ml Milch verrühren, Mehl dazugeben und einen glatten Teig herstellen.
■ Eier trennen. Salz und 1 TL Zucker mit Eigelb vermengen. Eiweiß steif schlagen und unter den Teig ziehen.
■ Butter in einer Pfanne erhitzen und Teig gleichmäßig hineingießen. Beidseitig goldbraun ausbacken.
■ Quark mit restlicher Milch und restlichem Zucker vermischen, Crêpes mit der Masse bestreichen und aufrollen.

EW	Fett	KH	kcal/kJ
14 g	9 g	48 g	330/1393

Kaffeekaramellen

Zutaten:
150 g Puderzucker
150 g Sahne
2 TL Kaffeepulver
2 EL Honig, Öl

EW	Fett	KH	kcal/kJ
0 g	2 g	6 g	42/178

■ Puderzucker, Sahne, Kaffeepulver und Honig unter Rühren dick einkochen.
■ Folie auf einem Backblech ausbreiten, Rand umbiegen, mit Öl bepinseln und die heiße Masse daraufgießen.
■ Kurz auskühlen lassen und mit einer Gabel auf der Oberfläche Muster eindrücken. In kleine Streifen oder Vierecke schneiden.
■ Ergibt ca. 30 Stück.

Zubereitungszeit: 20 Min.

Mokkapralinen

- Pralinenformen auf ein Backblech setzen. Fondant und Rum anrühren, in eine Spritztüte füllen und die Formen damit bis zu 1/3 füllen. Über Nacht stehen lassen.
- Zerkleinerte Mokkaschokolade mit Glukose in eine Schüssel geben. Milch aufkochen und nach und nach mit einem Teigschaber unter die Schokolade rühren, dabei darauf achten, dass nicht zu viel Luft untergerührt wird. Die Masse auf ca. 30 Grad abkühlen lassen, Kaffeepulver und Likör zugeben und alles mit dem Stabmixer gut vermischen. Etwas stehen lassen. Masse in eine Spritztüte füllen und bis knapp unter den Rand der Formen auf die Rummasse spritzen. Ca. 6 Stunden stehen lassen.
- Zum Verschließen zerkleinerte dunkle Kuvertüre im Wasserbad schmelzen, etwas abkühlen lassen, in eine Spritztüte füllen und spiralförmig auf die Pralinen geben. Je 1 Schokobohne aufsetzen. Abkühlen und erstarren lassen. Pralinen kühl und luftdicht verschlossen aufbewahren.
- Ergibt ca. 60 Stück.

EW	Fett	KH	kcal/kJ
1 g	3 g	5 g	55/231

Zutaten:
Für die Füllung:
100 g Fondant (Schmelzglasur)
100 g Rum
250 g Mokkaschokolade
30 g Glukose
200 ml Milch
1 TL Kaffeepulver (Instant)
2 cl Mokkalikör
200 g dunkle Kuvertüre
60 goldgefärbte Schokobohnen

Zubereitungszeit: 30 Min.

Cappuccinokipferl

Zutaten:
4 EL Cappuccinopulver (Instant)
300 g Mehl
50 g Mandeln, gemahlen
50 g Haselnüsse, gemahlen
100 g Zucker
1 Prise Salz
200 g Butter
Kuvertüre, Mokkabohnen und Hagelzucker nach Belieben

Zubereitungszeit: 35 Min.

EW	Fett	KH	kcal/kJ
1 g	6 g	8 g	92/385

■ Cappuccinopulver mit 50 ml kochendem Wasser verrühren, abkühlen lassen. Mehl mit Mandeln, Haselnüssen, Zucker und Salz vermischen. Butter in Flöckchen und Cappuccino unterkneten. Teig zugedeckt ca. 1 Stunde kalt stellen.

■ Backofen auf 180 Grad vorheizen. Teig zu ca. 1 cm dicken und 6 cm langen Rollen formen, die Enden spitz zulaufen lassen und zu Kipferln biegen. Die Kipferl auf ein mit Backpapier ausgelegtes Backblech legen und 8–10 Minuten backen.

■ Auskühlen lassen und nach Belieben mit heller und dunkler Kuvertüre, Mokkabohnen und Hagelzucker dekorieren.

■ Ergibt ca. 40 Stück.

Dallaskonfekt

Zutaten:
1 EL Honig
70 ml starker Kaffee
400 g brauner Rohrzucker
40 g Butter
1 Päckchen Vanillinzucker
60 g Paranüsse, gehackt (ersatzweise Mandeln)
Kaffeepulver (Instant)

■ Honig, Kaffee und Zucker in einer kleinen Pfanne unter ständigem Rühren leicht erhitzen. Wenn sich der Zucker aufgelöst hat, Butter darübergeben und abkühlen lassen. Vanillinzucker darüberstreuen und vermengen. Nüsse dazugeben. Alles in eine rechteckige Form geben, erkalten lassen und in Rechtecke schneiden. Nach Belieben mit Kaffeepulver bestreuen.

■ Ergibt ca. 20 Stück.

Zubereitungszeit: 20 Min.

EW	Fett	KH	kcal/kJ
0 g	3 g	20 g	115/485

Kaffee-Orangen-Türmchen

■ Eier, 4 EL Wasser, 120 g Zucker, Vanillezucker und Salz mit dem elektrischen Handrührgerät 8 Minuten weißschaumig schlagen. Mehl und Backpulver mischen und über die Eimasse sieben. Vorsichtig unterheben, die Masse in einen Spritzbeutel mit Lochtülle füllen und 18 Teigkreise (10 cm) auf ein mit Backpapier belegtes Backblech spritzen.

■ Im vorgeheizten Backofen bei 190 Grad 10–12 Minuten backen.

■ Kaffeepulver in einen großen Becher füllen und mit 125 ml kochend heißem Wasser überbrühen, umrühren, 2 Minuten stehen lassen und anschließend vorsichtig durch ein feines Haarsieb gießen.

■ Gelatine in kaltem Wasser einweichen. Orangen gründlich waschen, abtrocknen und Schale von 1 Orange abreiben. Abgeriebene Schale mit Eigelb, 100 g Zucker und Kaffee im heißen Wasserbad schaumig schlagen. Gelatine ausdrücken und zur Eier-Kaffee-Masse geben. Abkühlen lassen. Sahne steif schlagen. Wenn die Creme zu gelieren beginnt, Sahne vorsichtig unterheben. Von der zweiten Orange mit einem Zestenreißer einige Zesten abreißen.

■ Anschließend Schale beider Orangen dick abschälen, sodass die weiße Haut dabei entfernt wird, Frucht filetieren.

■ Biskuittaler mit Kaffeecreme bestreichen und jeweils 3 Stück übereinander türmen. Orangenzesten in restlichem Zucker wälzen. Jedes Türmchen mit einigen Orangenfilets verzieren und ca. 1 Stunde kalt stellen. Mit Zesten und Zitronenmelisse verzieren.

■ Ergibt 6 Stück.

Zutaten:
4 Eier
250 g Zucker
1 Päckchen Bourbon-Vanillezucker
1 Prise Salz
120 g Mehl
1 TL Backpulver
4 TL Kaffeepulver
4 Blatt weiße Gelatine
2 Orangen (unbehandelt)
3 Eigelb
300 g Sahne
1 Bd. Zitronenmelisse

Zubereitungszeit: 30 Min.

EW	Fett	KH	kcal/kJ
10 g	23 g	64 g	512/2150

Kaffeeplätzchen

Zutaten:
250 g Mehl
50 g Puderzucker
2 EL Kaffeepulver (Instant)
1 Prise Salz
Schale von 1 Orange (unbehandelt)
150 g Butter
1 Ei
Für die Füllung:
120 g Zucker
20 g Butter
60 ml extrastarker Kaffee
4 EL Sahne
2 EL Orangenlikör
Für die Garnitur:
40 g weiße Kuvertüre
2 EL Puderzucker

Zubereitungszeit: 30 Min.

EW	Fett	KH	kcal/kJ
1 g	4 g	10 g	87/365

■ Mehl, Puderzucker, Kaffeepulver und Salz in eine Rührschüssel füllen. Orangenschale, Butter und Ei zufügen. Zutaten zu einem glatten Teig verkneten und 30 Minuten abgedeckt in den Kühlschrank stellen.

■ Anschließend aus dem Teig 40 Kugeln formen und auf ein mit Backpapier belegtes Backblech setzen. Mit einem Holzlöffelstiel jeweils in die Mitte jeder Kugel eine Vertiefung drücken.

■ Plätzchen im vorgeheizten Backofen bei 190 Grad 13–15 Minuten backen.

■ Zucker und Butter in einen kleinen Topf geben und unter Rühren karamellisieren lassen. Mit Kaffee und Sahne ablöschen und unter Rühren 8–10 Minuten einkochen lassen, bis die Flüssigkeit fast verkocht und eine dickflüssige Masse entstanden ist. Orangenlikör zufügen und noch einmal kurz weiterkochen.

■ Masse in eine Schüssel füllen und etwas abkühlen lassen. Anschließend in einen Spritzbeutel mit kleiner Lochtülle füllen und in die Vertiefung der Plätzchen jeweils etwas Karamellmasse füllen.

■ Kuvertüre fein hobeln. Plätzchen nach Wunsch mit Puderzucker bestreuen und mit Kuvertüre verzieren.

■ Ergibt ca. 40 Stück.

Kaffeekränze

Zutaten:
250 g Butter
125 g Zucker
1 Päckchen Bourbon-Vanillezucker
1 Beutel Orangeat
3 Eigelb
1 Ei
250 g Mehl
125 g Speisestärke
2 EL Kakao
2 EL Kaffeepulver (Instant, z. B. von Idee Kaffee)
150 g weiße Kuvertüre
1 Packung Mokkabohnen

- Butter, Zucker, Vanillezucker und Orangeat verrühren. Eigelb und Ei zufügen, 3 Minuten weiterrühren.
- Mehl, Speisestärke und Kakao mischen und mit Kaffeepulver unter den Teig rühren. Teig in einen Spritzbeutel mit mittlerer Sterntülle füllen und anschließend Kränze auf ein mit Backpapier belegtes Backblech spritzen.
- Im vorgeheizten Backofen bei 175 Grad 15–18 Minuten backen. Auf einem Kuchengitter abkühlen lassen.
- Kuvertüre in Stücke schneiden und im warmen Wasserbad nach Packungsanleitung schmelzen. Kränze jeweils zur Hälfte in die Kuvertüre tauchen und mit einer Mokkabohne verzieren. Auf Backpapier fest werden lassen.
- Ergibt ca. 40 Stück.

Zubereitungszeit: 30 Min.

EW	Fett	KH	kcal/kJ
1 g	7 g	12 g	120/503

Tipp
Falls Sie Orangeat nicht mögen, ersetzen Sie es durch 2 EL gehackte Nüsse.

Kaffeeküsse

Zutaten:
30 g Kaffeepulver
200 g Haselnüsse, gehackt
125 g Puderzucker
100 g Zartbitter-kuvertüre
Haselnüsse

■ Kaffeepulver mit 125 ml Wasser verrühren. Haselnüsse und Puderzucker dazugeben. Aus der Mischung kleine Kugeln formen.
■ Kuvertüre im Wasserbad erhitzen und Kugeln damit überziehen. Wenn die Kuvertüre leicht angetrocknet ist, Kaffeeküsse etwas platt drücken und mit Haselnüssen garnieren.
■ Ergibt ca. 20 Stück.

Zubereitungszeit: 20 Min.

EW	Fett	KH	kcal/kJ
2 g	7 g	9 g	114/477

Früchtebrot

Zutaten:
125 ml starker Kaffee
175 g Zucker
125 g Rosinen
125 g Sultaninen
125 g Korinthen
125 g kandierte Kirschen
250 g Mehl
1/2 TL Natron
1 Ei, Butter

■ Kaffee mit Zucker vermischen. Rosinen, Sultaninen, Korinthen und Kirschen über Nacht darin ziehen lassen.
■ Mehl mit Natron mischen, zusammen mit Ei unterheben. In einer Kastenform bei 180 Grad ca. 90 Minuten backen. In Scheiben geschnitten und mit Butter bestrichen servieren.
■ Ergibt ca. 12 Stücke.

Zubereitungszeit: 20 Min.

EW	Fett	KH	kcal/kJ
3 g	1 g	51 g	235/999

Kaffeehörnchen

Zutaten:
250 g Sahnequark
250 g Butter
Salz, 500 g Mehl
1 EL Kaffeepulver
125 g Zucker
250 g Walnüsse, gehackt
Ingwerpulver

EW	Fett	KH	kcal/kJ
2 g	6 g	8 g	101/422

■ Quark mit Butter und 1 Prise Salz verrühren. Mehl sieben und nach und nach dazugeben. Alles zu einer glatten Masse rühren.
■ Aus der Masse 15 Kugeln formen und diese 2 Stunden in den Kühlschrank stellen. Jede Kugel auf ca. 15 cm Durchmesser ausrollen und vierteln.
■ Kaffeepulver mit Zucker, Walnüssen und 1 Prise Ingwerpulver mischen und je 1 kleines Häufchen auf die Teigviertel setzen.
■ Viertel zu Hörnchen rollen und im Abstand von ca. 3 cm, auf ein ungefettetes Backblech legen. Bei mittlerer Hitze ca. 15 Minuten backen.
■ Ergibt ca. 60 Stück.

Zubereitungszeit: 40 Min.

Kuchen und Torten

Geeiste Kaffeetorte (Abb. S. 61)

Zutaten:
350 g Sahne
100 Kaffeebohnen, grob zerkleinert
7 Eigelb
75 g Zucker
3 Eiweiß, 50 g Mehl
1 EL Speisestärke
3 Blatt weiße Gelatine
100 g weiße Kuvertüre
100 g Zartbitterkuvertüre
4 Päckchen Vanillinzucker
Pistazien, gehackt

Zubereitungszeit: 50 Min.

EW	Fett	KH	kcal/kJ
13 g	41 g	55 g	646/2694

■ Sahne und Kaffeebohnen in einer Schüssel abgedeckt 12 Stunden im Kühlschrank ziehen lassen. 3 Eigelb mit Zucker schaumig schlagen. Eiweiß steif schlagen und daraufgeben, Mehl und Stärke darübersieben. Alles zu einem Biskuitteig verkneten.
■ Teig in eine gefettete Springform füllen und im vorgeheizten Backofen bei 180 Grad ca. 12 Minuten backen.
■ Gelatine in kaltem Wasser einweichen.
■ Beide Kuvertüren getrennt im heißen Wasserbad schmelzen lassen.
■ Restliches Eigelb mit Vanillinzucker im Wasserbad schaumig schlagen. Gelatine ausdrücken und in der Creme auflösen, weiße Kuvertüre unterrühren und abkühlen lassen.
■ Die Kaffee-Sahne schaumig schlagen und unter die Creme heben.
■ Abgekühlten Teig der Länge nach halbieren und quadratisch zuschneiden. Biskuit mit dunkler Kuvertüre bestreichen, dann Creme darübergeben. Weiterschichten, bis die Kastenform gefüllt ist. Auf die letzte Cremeschicht Pistazien streuen.
■ Kaffeetorte für ca. 6 Stunden in das Gefrierfach stellen. Zum Servieren aus der Form stürzen und in Scheiben schneiden.
■ Ergibt ca. 6 Stücke.

Kaffeekuchen

Zutaten:
250 g Zucker
1 Päckchen Vanillinzucker
300 g Margarine, 5 Eier
Bittermandelöl
1 TL Zimt
1/2 TL Nelkenpulver
1 Prise Muskat
1 Päckchen Backpulver
300 g Mehl, 2 EL Kakao
50 g Haselnüsse, gemahlen
150 g Mandeln, gemahlen
ca. 250 ml Kaffee
Paniermehl
100 g Vollmilchkuvertüre
2 EL Mandelblättchen

■ Zucker und Vanillinzucker mit weicher Margarine schaumig rühren. Eier dazugeben. Mit Bittermandelöl, Zimt, Nelkenpulver und Muskat abschmecken. Backpulver mit Mehl und Kakao mischen und löffelweise dazugeben. Haselnüsse und Mandeln unterheben und so viel Kaffee dazugießen, dass ein weicher Teig entsteht.
■ Kuchenform einfetten und mit Paniermehl ausstreuen. Teig hineingeben und im vorgeheizten Backofen bei 180 Grad ca. 70 Minuten backen. Kuchen auf ein Kuchengitter stürzen und abkühlen lassen.
■ Kuvertüre im heißen Wasserbad schmelzen lassen und Kuchen damit überziehen. Mit Mandelblättchen garnieren.
■ Ergibt ca. 12 Stücke.

Zubereitungszeit: 20 Min.

EW	Fett	KH	kcal/kJ
10 g	36 g	46 g	552/2304

Birnenwähe

- Mehl, Salz und 5 EL Wasser in eine Schüssel geben und mischen. Butterflöckchen zufügen und zu einem Teig verkneten. Teig zugedeckt ca. 30 Minuten kalt stellen, dann auf einer bemehlten Arbeitsfläche ausrollen.
- In eine gefettete Tarte- oder Springform (Durchmesser ca. 28 cm) geben. Teigboden mehrmals einstechen und im vorgeheizten Backofen bei 180 Grad 12–14 Minuten vorbacken.
- Inzwischen Birnen in feine Spalten schneiden (nach Belieben vorher schälen). Mit Zucker mischen.
- Teig etwas abkühlen lassen. Teigboden mit Haselnüssen und Paniermehl bestreuen. Birnen daraufgeben. Bei gleicher Temperatur 20 Minuten weiterbacken.
- Kaffee, Sahne, Eigelb, Ei, Zucker, Zimt und Speisestärke verrühren. Guss über die Birnen gießen und mit Haselnüssen verzieren. Nochmals 20 Minuten backen.
- Abkühlen lassen. Mit Puderzucker bestäuben und nach Wunsch mit geschlagener Sahne servieren.
- Ergibt ca. 12 Stücke.

Zubereitungszeit: 35 Min.

EW	Fett	KH	kcal/kJ
4 g	14 g	36 g	292/1224

Zutaten:
250 g Mehl
1/2 TL Salz
90 g Butter
700 g säuerliche Birnen
40 g Zucker
50 g Haselnüsse, gehobelt
50 g Paniermehl
Für den Guss:
75 ml extrastarker Kaffee, 75 g Sahne
2 Eigelb, 1 Ei
40 g Zucker
1/2 TL Zimt
1 EL Speisestärke
Zum Verzieren:
40 g Haselnüsse, gehobelt
40 g Puderzucker
Sahne

Latte-Macchiato-Muffins

Zutaten:
Für den Teig:
80 g Mokkabohnen
280 g Mehl
1 EL Kakaopulver
3 TL Backpulver
60 g Margarine
2 Eier
100 g Zucker
150 ml starker Kaffee (oder Espresso)
150 ml Milch
Für die Glasur:
150 g Puderzucker
2 EL Kaffee
2 EL Cremefine (z. B. von Rama)
12 Mokkabohnen zum Garnieren

Zubereitungszeit: 20 Min.

EW	Fett	KH	kcal/kJ
3 g	5 g	29 g	173/731

Tipp
Nach dem Einfetten das Blech einige Minuten in den Gefrierschrank stellen, dann lassen sich die Muffins später leichter lösen.

- Muffinblech einfetten. Mokkabohnen grob hacken. Mit Mehl, Kakao- und Backpulver mischen.
- Margarine zerlassen, abkühlen lassen. Mit Eiern und Zucker verrühren. Kaffee vollständig erkalten lassen, zusammen mit Milch dazugeben und alles gut vermischen. Mehlmischung zur Eimasse geben und nur so lange rühren, bis die trockenen Zutaten feucht sind. Muffinmulden mit Teig füllen.
- Im vorgeheizten Backofen bei 180 Grad ca. 25 Minuten backen. Muffins im Blech ca. 5 Minuten ruhen lassen, dann herausnehmen und auf einem Kuchengitter abkühlen lassen.
- Für die Glasur Puderzucker mit Kaffee und Cremefine glatt rühren. Muffins mit der Glasur bepinseln und mit je 1 Mokkabohne dekorieren.
- Ergibt ca. 12 Stück.

Eiskaffeetorte

Zutaten:
5 Eigelb
6 EL Whiskey
40 g Zucker
1 Beutel Eiskaffeepulver (z. B. von Nescafé)
3 Blatt helle Gelatine
500 g Sahne
250 g Ricotta
2 TL Kaffeepulver (Instant)
1 TL Vanillinzucker
1 Packung heller Wiener Boden (Fertigprodukt)
Für die Garnitur:
150 g Sahne
1/2 Päckchen Vanillinzucker
1/2 Beutel Eiskaffeepulver (Instant)
Mokkabohnen

Zubereitungszeit: 40 Min.

EW	Fett	KH	kcal/kJ
8 g	24 g	42 g	429/1793

■ Eigelb, 4 EL Whiskey und Zucker im heißen Wasserbad zu einer dicken Creme aufschlagen. Eiskaffeepulver unterrühren und abkühlen lassen.
■ Gelatine in kaltem Wasser einweichen. Sahne steif schlagen. Gelatine gut ausdrücken und in 1 EL heißem Wasser auflösen. Flüssige Gelatine und Ricotta unter die Kaffeecreme rühren und steif geschlagene Sahne locker unterheben.
■ 100 ml Wasser erhitzen, Kaffeepulver, Vanillinzucker und restlichen Whiskey unterrühren.
■ Backformring auf eine Kuchenplatte legen und 1 Wiener Boden hineinlegen. Biskuitboden mit der Hälfte der gut abgekühlten Kaffee-Whiskey-Mischung aromatisieren, dann die Hälfte der Kaffeecreme darauf verteilen.
■ Zweiten Boden darauflegen, restliche Kaffee-Whiskey-Mischung und zweite Cremehälfte daraufgeben und mit dem dritten Biskuitboden abschließen. Mit Klarsichtfolie bedecken und über Nacht durchziehen lassen.
■ Für die Garnitur Sahne mit Vanillinzucker steif schlagen. Torte seitlich mit Sahne bestreichen, restliche Sahne in einen Spritzbeutel mit Sterntülle füllen. Torte mit Eiskaffeepulver bestreuen. Mit Sahnerosen und Mokkabohnen garnieren. Gut gekühlt servieren.
■ Ergibt ca. 12 Stücke.

Tipp
Ricotta ist ein Frischkäse aus Schafs-, Büffel- oder Kuhmilchmolke. Es gibt ihn in verschiedenen Arten und Fettstufen.

Kaffee-Himbeer-Herzen

Zutaten:
Für den Teig:
80 g Butter
1 Prise Salz
200 g Mehl
4 Eier
Für die Creme:
4 Blatt Gelatine
200 ml extrastarker Kaffee (z. B. von Mövenpick)
100 g Mokkaschokolade
300 g Sahne
1 Päckchen Vanillinzucker
Für die Garnitur:
400 g Himbeeren (tiefgekühlt)
3 EL Puderzucker

Zubereitungszeit: 30 Min.

EW	Fett	KH	kcal/kJ
6 g	18 g	17 g	264/1099

■ 500 ml Wasser, Butter und Salz aufkochen. Mehl auf einmal zufügen und verrühren, bis sich ein Teigkloß und eine weiße Schicht auf dem Topfboden gebildet haben. 1 Ei sofort unterrühren. Teig etwas abkühlen lassen. Nacheinander restliche Eier unterrühren.

■ Teig in einen Spritzbeutel mit feiner Sterntülle füllen. Auf ein mit Backpapier belegtes Backblech 12 Herzen (à 10 cm) spritzen. Blech in den auf 220 Grad vorgeheizten Backofen schieben. 1 Tasse Wasser auf den Boden des Ofens schütten und den Ofen sofort schließen. 22–25 Minuten backen. Herzen herausnehmen und einmal waagerecht aufschneiden.

■ Gelatine in kaltem Wasser einweichen. Kaffee mit in Stücke geschnittener Schokolade unter Rühren erhitzen, bis die Schokolade geschmolzen ist. Gelatine ausdrücken und in den Schokoladenkaffee geben. Im Wasserbad abkühlen lassen.

■ Sahne mit Vanillinzucker steif schlagen. Sobald die Kaffeemasse beginnt zu gelieren, Sahne unterheben. Masse in einen Spritzbeutel mit Lochtülle füllen und Creme auf die untere Herzhälfte spritzen. Mit Himbeeren belegen und die oberen Herzhälften auflegen. Mit Puderzucker bestäuben und nach ca. 30 Minuten servieren.

■ Ergibt ca. 12 Stück.

Espressotörtchen

■ Für den Teig 250 g Mehl, Speisestärke, 50 g Puderzucker, 25 g Butter, Eigelb und 2–3 EL kaltes Wasser verkneten, 1 Stunde kühl stellen.

■ Teig auf wenig Mehl ausrollen. 12 Tortelette-Förmchen mit 20 g Butter ausfetten und mit dem Teig auskleiden. Mehrmals mit einer Gabel einstechen.

■ Im vorgeheizten Ofen bei 170 Grad 10–15 Minuten vorbacken.

■ Für die Füllung restliche Butter und braunen Zucker in einer Pfanne schmelzen, unter Rühren köcheln lassen. Sahne und 40 g Mehl verrühren, unter die Butter-Zucker-Mischung geben und 3 Minuten köcheln lassen. Vom Herd nehmen und das in 6 EL Wasser aufgelöste Espressopulver sowie Kaffeelikör zugeben. Masse auf Törtchen verteilen, mit Mandeln bestreuen.

■ Weitere 5–10 Minuten bei 160–180 Grad backen, abkühlen lassen. Obst waschen. Äpfel schälen, Pflaumen entkernen, beides in Scheiben schneiden.

■ Johannisbeeren von den Stielen streifen. Erdbeeren klein schneiden. Mit Zitronensaft und Orangenlikör beträufeln.

■ Sahne mit restlichem Puderzucker steif schlagen, Amaretto unterrühren. Törtchen mit Obstsalat füllen, mit Sahne garnieren.

Zutaten:
290 g Mehl
40 g Speisestärke
60 g Puderzucker
235 g Butter
2 Eigelb
100 g brauner Zucker
6 EL Sahne
3 TL Espressopulver
3 EL Kaffeelikör
1 TL Mandeln, gehackt
2 Äpfel
2 Pflaumen
150 g Johannisbeeren
150 g Erdbeeren
Saft von 1 Zitrone
1–2 EL Orangenlikör
250 g Sahne
4 cl Amaretto

Zubereitungszeit: 35 Min.

EW	Fett	KH	kcal/kJ
4 g	25 g	40 g	401/1684

Kaffee-Kirsch-Quadrate

Zutaten:
450 g Blätterteig (tiefgekühlt)
1 Eiweiß
Für die Creme:
4 Blatt weiße Gelatine
5 geh. TL Kaffeepulver
60 g Zucker
400 g Sahne
Für den Belag:
400 g Kirschen (tiefgekühlt, ersatzweise 1 Glas Sauerkirschen)
50 g Zucker
Für die Garnitur:
50 g weiße Kuvertüre
2–3 EL Puderzucker

■ Blätterteigplatten zum Auftauen einzeln auf eine bemehlte Arbeitsfläche legen. 2 Teigplatten jeweils 18 x 18 cm groß ausrollen und zu je 4 Quadraten schneiden. Auf ein mit Backpapier belegtes Backblech legen. Teigränder mit Eiweiß bestreichen.

■ Aus den restlichen Blätterteigplatten 24 Teigstreifen schneiden und auf die Blätterteigränder legen. Den überstehenden Teig abschneiden.

■ Im vorgeheizten Backofen bei 220 Grad ca. 16 Minuten goldgelb backen. Nach dem Backen sofort die Mitte der Quadrate vorsichtig mit einem Löffel herunterdrücken.

■ Gelatine in kaltem Wasser einweichen. Kaffeepulver in einen hohen Becher geben, mit 125 ml kochend heißem Wasser überbrühen und umrühren. 2 Minuten stehen lassen.

■ Anschließend durch ein feines Haarsieb gießen. Gelatine ausdrücken und zum heißen Kaffee geben. Zucker zufügen und zum Abkühlen in ein kaltes Wasserbad stellen.

■ Sahne steif schlagen. Etwas Sahne mit dem kalten Kaffee verrühren und dann unter ständigem Rühren zur restlichen Sahne geben.

■ Aufgetaute Kirschen mit

Kaffee-Kirsch-Quadrate (Fortsetzung)

Zucker bestreuen und auf einem Sieb abtropfen lassen. Einige zur Verzierung beiseite stellen. Blätterteig-Quadrate zur Hälfte mit Kaffee-Sahne füllen und abgetropfte Kirschen darübergeben. Restliche Kaffee-Sahne zufügen.

■ Kuvertüre hobeln. Blätterteig-Kaffee-Quadrate mit Kirschen und gehobelter Kuvertüre verzieren. Ca. 30 Minuten kalt stellen. Blätterteigränder jeweils mit Puderzucker bestreuen und servieren.

■ Ergibt ca. 8 Stück.

Zubereitungszeit: 30 Min.

EW	Fett	KH	kcal/kJ
6 g	35 g	51 g	546/2277

Cappuccinotorte

■ Löffelbiskuit vollständig zerbröseln. Butter in einem Topf schmelzen, mit den Bröseln vermischen und in eine mit Backpapier ausgelegte Springform drücken.

■ Frischkäse, Jogurt, Zitronensaft und Cappuccinopulver vermischen. Tortenguss mit Zucker und 150 ml Wasser aufkochen und unter die Frischkäsecreme heben. Creme auf den Teigboden streichen und die Torte mindestens 3 Stunden kühl stellen.

■ Nach Belieben mit Herz-Pralinen garnieren.

■ Ergibt ca. 16 Stücke.

Zutaten:
150 g Löffelbiskuit
125 g Butter
600 g Frischkäse (Doppelrahmstufe)
300 g Jogurt
3 EL Zitronensaft
2 EL Cappuccinopulver (Instant)
1 Päckchen klarer Tortenguss
75 g Zucker
Herz-Pralinen

Zubereitungszeit: 25 Min.

EW	Fett	KH	kcal/kJ
6 g	19 g	17 g	268/1117

Torte Tiramisu

Zutaten:
9 Eier
200 g Zucker
1 Prise Salz
125 g Schoko-Müsli (Fertigprodukt)
4 EL Weizenmehl
2 TL Backpulver
3 EL Kakaopulver
300 g Mascarpone
120 ml Espresso
100 ml Marsala
Kakaopulver zum Bestäuben
Schokoraspel zum Bestreuen

Zubereitungszeit: 40 Min.

EW	Fett	KH	kcal/kJ
11 g	23 g	43 g	455/1910

■ 5 Eier, 100 g Zucker und Salz schaumig schlagen. Müsli, Mehl, Backpulver und Kakao hinzufügen, unterziehen und den Teig in einer kleinen Springform im vorgeheizten Ofen bei 170 Grad ca. 20 Minuten backen. Auf ein Kuchengitter stürzen.

■ Nach dem Abkühlen zweimal quer durchschneiden, sodass 3 kreisrunde Teigflächen entstehen. Die Springform für den weiteren Gebrauch reinigen.

■ Restliche Eier trennen, Eigelb mit dem verbliebenen Zucker verrühren. Eiweiß zu Schnee schlagen. Erst Mascarpone, dann löffelweise Eischnee unter die Eigelb-Zucker-Masse ziehen. Espresso und Marsala miteinander verquirlen.

■ Die erste Bodenschicht in die Springform legen, mit der Hälfte der Espresso-Marsala-Mischung beträufeln und mit Kakao bestäuben. Die Hälfte der Mascarpone-Creme daraufstreichen und den Vorgang mit dem nächsten Boden wiederholen. Mit dem dritten Teigboden abdecken.

■ Die fertige Torte ca. 8 Stunden im Kühlschrank ruhen lassen. Vor dem Servieren aus der Springform lösen und großzügig mit Schokoraspeln garniert servieren.

■ Ergibt ca. 10 Stücke.

Aprikosen-Kaffee-Schnitten

■ Weiche Butter, Zucker, Salz und Vanillezucker verrühren. Eier und Eigelb nacheinander zufügen. Weiterrühren, bis der Zucker aufgelöst ist.

■ Mehl und Kakao mischen. Die Hälfte der Mischung in den Teig rühren. 100 ml Kaffee ebenfalls kurz unterrühren. Backpulver zum restlichen Mehl geben und unter den Teig rühren.

■ Teig auf ein mit Backpapier belegtes tiefes Blech geben und glatt streichen. Im vorgeheizten Backofen bei 175 Grad 22–25 Minuten backen. Nach dem Backen mit restlichem Kaffee tränken. Gelatine in kaltem Wasser einweichen.

■ 8 EL Milch mit Puddingpulver verrühren. Restliche Milch mit Zucker in einen Topf geben und aufkochen. Vom Herd nehmen, Pudding einrühren und aufkochen. Gelatine ausdrücken und zum Pudding geben. Unter Rühren abkühlen lassen.

■ Sahne steif schlagen und unter den kalten Pudding heben. Creme auf den Kaffeeboden geben und glatt streichen.

■ Aprikosen abtropfen lassen und auf die Puddingcreme geben, dabei jeweils leicht in die Creme drücken. Abdecken und 1 Stunde kalt stellen. Mit Pistazien bestreut servieren.

■ Ergibt ca. 20 Stücke.

Zutaten:
Für den Teig:
150 g Butter
150 g Zucker
1 Prise Salz
1 Päckchen Bourbon-Vanillezucker
2 Eier
1 Eigelb
230 g Mehl
20 g Kakao
250 ml extrastarker Kaffee
2 TL Backpulver
Für die Creme:
3 Blatt Gelatine
750 ml Milch
2 Päckchen Vanille-Puddingpulver
60 g Zucker
300 g Sahne
Für die Garnitur:
2 Dosen Aprikosen (à 480 g)
50 g Pistazien, gehackt

Zubereitungszeit: 50 Min.

EW	Fett	KH	kcal/kJ
4 g	14 g	34 g	291/1216

Mokkatorte mit Kaffeeglasur

Zutaten:
Für den Biskuit:
6 Eier
130 g Zucker
80 g Mandeln, gemahlen
80 g Mehl
50 g Biskuitbrösel
Für die Kaffeebuttercreme:
50 g Zucker
3 TL Speisestärke
1 Eigelb, 200 ml Milch
1/2 Vanilleschote
1 TL Puderzucker
125 g Butter
1 EL Kaffeepulver (Instant)
Für die Garnitur:
100 g Marzipanrohmasse
200 g Aprikosenkonfitüre
150 g Vollmilchkuvertüre
70 g Puderzucker
20 ml Kaffee
2 cl Mokkalikör
Schokoladenraspel
16 Mokkabohnen

■ Eier trennen, 1/3 des Zuckers mit Eigelb schaumig schlagen. Eiweiß mit restlichem Zucker steif schlagen und unter die Eigelbmasse heben. Mandeln, gesiebtes Mehl und Biskuitbrösel dazugeben und alles zu einem festen Teig verkneten. Teig in eine mit Pergamentpapier ausgelegte Form geben. Bei 190 Grad ca. 40 Minuten backen.

■ Zucker mit Speisestärke und Eigelb gut mischen und ca. 1/3 der Milch dazurühren. Vanilleschote aufritzen und Mark herauskratzen. Restliche Milch mit Vanillemark zum Kochen bringen und beide Flüssigkeiten vermischen. Unter Rühren einige Male aufkochen lassen.

■ Vanillecreme in eine Schüssel gießen, mit Puderzucker bestäuben und erkalten lassen. Durch ein feinporiges Sieb passieren. Butter schaumig rühren und mit Kaffeepulver dazugeben.

■ Ausgekühlten Teig zweimal durchschneiden. Tortenböden mit Buttercreme bestreichen. Aus Marzipanrohmasse einen Deckel formen und über die Tortenböden legen. Mit Aprikosenkonfitüre bestreichen.

■ Vollmilchkuvertüre im heißen Wasserbad erhitzen und Marzipandecke damit überziehen. Aus Puderzucker, Kaffee und Mokkalikör eine Glasur herstellen und dekorative Muster aufspritzen. Mit Schokoladenraspeln und Mokkabohnen verzieren.

■ Ergibt ca. 16 Stücke.

Zubereitungszeit: 50 Min.

EW	Fett	KH	kcal/kJ
6 g	17 g	39 g	342/1434

Kaffee-Nuss-Torte

Zutaten:
100 g Butter
175 g Zucker
2 Eier, 6 EL Milch
1 EL starker Kaffee
75 g Rosinen
75 g Haselnüsse
225 g Mehl
2 TL Backpulver
Für die Füllung:
225 g Kaffeebuttercreme (s. Mokkatorte)
Haselnüsse, geröstet

■ Butter, Zucker, Eier, Milch, Kaffee, Rosinen, Haselnüsse, Mehl und Backpulver zu einem Teig verrühren. Teig gleichmäßig auf 2 eingefettete Formen mit je ca. 20 cm Durchmesser verteilen. Bei 160 Grad 30–40 Minuten backen.

■ Abkühlen lassen. Einen Boden mit der Hälfte der Kaffeebuttercreme bestreichen. Böden zusammensetzen. Restliche Creme auf die Oberseite und die Seitenränder streichen und Torte mit Haselnüssen garnieren.

■ Ergibt ca. 12 Stücke.

Zubereitungszeit: 50 Min.

EW	Fett	KH	kcal/kJ
5 g	22 g	39 g	374/1564

Desserts

Kaffeeeis mit filetierten Grapefruits (Abb. S. 73)

Zutaten für 8 Personen:
6 Eigelb
200 g Zucker
125 ml starker Kaffee
500 g Sahne
2 cl Cognac
Grapefruitfilets zum Garnieren

- Eigelb mit Zucker cremig rühren, Kaffee und ca. 150 g Sahne zugießen und über heißem Wasserbad dicklich aufschlagen. Cognac unterrühren und über einem kalten Wasserbad kalt rühren.
- Restliche Sahne steif schlagen und unter die erkaltete Creme ziehen. In eine mit Klarsichtfolie ausgelegte Kastenform geben und in das Gefrierfach stellen (oder in der Eismaschine gefrieren lassen). Mit Grapefruitfilets servieren.

Zubereitungszeit: 15 Min.

EW	Fett	KH	kcal/kJ
4 g	24 g	27 g	351/1462

Kaffeegelee

Zutaten:
1 TL abgeriebene Orangenschale (unbehandelt)
1 TL abgeriebene Zitronenschale (unbehandelt)
2 Nelken, 1 Zimtstange
2–3 EL Kaffeepulver
1 Beutel Gelatine, gemahlen
1 EL Kaffeelikör
Zucker
250 g Sahne
Cointreau

- Zitrusschalen und Gewürze in 500 ml Wasser langsam zum Kochen bringen. Durch ein Sieb abgießen, Kaffeepulver dazugeben. Gelatine in Kaffeelikör und 1 TL Wasser einweichen, nach 10 Minuten langsam Gewürz-Kaffee angießen. Mit Zucker abschmecken, in Dessertschälchen oder Gläser füllen.
- Kaffeegelee nach dem Erkalten in den Kühlschrank stellen. Flüssige Sahne nach Belieben mit Cointreau abschmecken und zum Gelee servieren.

Zubereitungszeit: 20 Min.

EW	Fett	KH	kcal/kJ
3 g	19 g	5 g	221/916

Stachelbeer-Kaffee-Kompott

Zutaten:
500 g Stachelbeeren
140 g Zucker
1/2 TL Kaffeepulver
500 ml Weißwein
20 g Speisestärke

Zubereitungszeit: 15 Min.

- Stachelbeeren waschen, trockentupfen und mit Zucker, Kaffeepulver und Weißwein in einem Topf ca. 5 Minuten leise köcheln lassen. Speisestärke mit 2 EL Wasser verrühren, zu den Stachelbeeren geben, unter Rühren nochmals aufkochen lassen.
- Kompott in eine Glasschüssel füllen und kalt stellen.

EW	Fett	KH	kcal/kJ
1 g	0 g	50 g	288/1217

Espressoquark mit Pfirsich

Zutaten:
250 g Sahnequark
60 g Zucker
200 ml Espresso
135 g Sahne
5 Pfirsiche
Waffelröllchen und Schokoladenblättchen zum Garnieren

Zubereitungszeit: 20 Min.

EW	Fett	KH	kcal/kJ
10 g	24 g	38 g	410/1700

- Sahnequark, Zucker und kalten Espresso verrühren. Sahne steif schlagen, unterheben und Masse kalt stellen.
- Pfirsiche waschen, längs halbieren, entkernen und in schmale Spalten schneiden. In 4 hohe Cocktailgläser abwechselnd eine Schicht Espressoquark und Pfirsichspalten füllen. Mit einer Schicht des Espressoquarks abschließen.
- Waffelröllchen und Schokoladenblättchen als Dekoration daraufsetzen und servieren.

Ingwer-Schoko-Schaum

Zutaten für 12 Personen:

Für den weißen Schaum:
4 Eigelb
1 Ei
50 g Zucker
175 g weiße Kuvertüre
1 Blatt Gelatine
3 cl weißer Rum
350 g Sahne

Für den braunen Schaum:
4 Eigelb
1 Ei
50 g Zucker
175 g Zartbitterkuvertüre
3 cl Cognac
25 g frischer Ingwer
2 cl Espresso
350 g Sahne

Zubereitungszeit: 30 Min.

EW	Fett	KH	kcal/kJ
7 g	38 g	24 g	480/2018

Tipp
Um ihn zu zerkleinern, kann man Ingwer auch durch die Knoblauchpresse drücken.

■ Eigelb und Ei mit Zucker schaumig schlagen.

■ Weiße Kuvertüre im Wasserbad vorsichtig schmelzen.

■ Gelatine nach Packungsanweisung einweichen, ausdrücken, in Rum kurz erhitzen, bis die Gelatine aufgelöst ist. Unter die Eimasse geben, Kuvertüre hinzufügen, verrühren und kurz abkühlen lassen.

■ Sahne steif schlagen und nach und nach vorsichtig unterheben.

■ Für den braunen Schaum Eigelb und Ei mit Zucker schaumig schlagen.

■ Kuvertüre im Wasserbad vorsichtig schmelzen und Cognac unterrühren.

■ Ingwer schälen, in dünne Scheiben schneiden und heißen Espresso darübergießen. Ca. 30 Minuten ziehen lassen, durchseihen und Flüssigkeit unter die Kuvertüre rühren. Eimasse unterrühren und etwas abkühlen lassen.

■ Sahne steif schlagen und nach und nach unterheben. Weißen und braunen Schaum dekorativ in Gläser schichten und ca. 3 Stunden kalt stellen. Nach Wunsch mit karamellisierten Ingwerscheiben garniert servieren.

Kaffee-Krokant-Parfait

■ 100 g Zucker in einer Pfanne unter Rühren karamellisieren lassen. Mandelsplitter zufügen und unterrühren. Krokant auf ein Stück Backpapier geben und sofort flach auseinander streichen. Nach dem Abkühlen in Stücke brechen bzw. hacken.

■ Eigelb mit restlichem Zucker in eine Metallschüssel geben und im heißen Wasserbad weißschaumig schlagen. Kaffee und Orangenlikör zufügen. Schüssel aus dem heißen Wasserbad nehmen. Unter Rühren Masse wieder abkühlen lassen.

■ Sahne steif schlagen und mit 2/3 der Krokantstückchen unter die Parfaitmasse heben. Anschließend in kleine Auflaufformen füllen und mindestens 6 Stunden in das Gefrierfach stellen.

■ 2/3 der Himbeeren mit Zucker pürieren und durch ein Sieb streichen. Kaffeeparfait ganz kurz in ein heißes Wasserbad stellen und vorsichtig auf große Dessertteller stürzen. Himbeersauce darüber verteilen. Mit Krokantstückchen und restlichen Himbeeren verziert servieren.

Zutaten für 6 Personen:
200 g Zucker
50 g Mandelsplitter
3 Eigelb, 100 ml extrastarker Kaffee (z. B. von Mövenpick)
4 cl Orangenlikör
400 g Sahne
Für die Sauce:
600 g Himbeeren
50 g Zucker

Zubereitungszeit: 30 Min.

EW	Fett	KH	kcal/kJ
6 g	29 g	51 g	509/2125

Tiramisu mit Frischkäse

Zutaten:
100 ml starker Espresso
100 ml Amaretto
400 g Löffelbiskuits
3–4 EL Kakaopulver
4 Eier
100 g Zucker
500 g Frischkäse mit Buttermilch (z. B. von Du darfst)
Salz

Zubereitungszeit: 20 Min.

EW	Fett	KH	kcal/kJ
13 g	10 g	35 g	296/1239

■ Espresso und Amaretto in einer flachen Schüssel verrühren. Die ungezuckerte Seite der Löffelbiskuits in die Flüssigkeit tauchen.
■ Biskuits als Boden in eine eckige Form (ca. 25 x 25 cm) legen und mit der Hälfte des Kakaopulvers bestreuen.
■ Eier trennen. Eigelb, Zucker und Frischkäse in einer Schüssel verrühren.
■ Eiweiß mit einer Prise Salz sehr steif schlagen und vorsichtig unter die Creme heben.
■ Die Hälfte der Creme in der Form verstreichen, eine weitere Schicht eingetauchter Löffelbiskuits darauflegen, mit dem restlichen Kakaopulver bestreuen und – am besten über Nacht – im Kühlschrank zugedeckt ziehen lassen.

Crème de Coco

Zutaten:
50 g Mehl
1 Prise Salz
75 g brauner Zucker
125 ml starker Kaffee
200 g Sahne
3 Eigelb
2 frische Kokosnüsse
40 g Butter
1 Päckchen Vanillinzucker

Zubereitungszeit: 25 Min.

■ Mehl, Salz und Zucker vermischen und über heißem Wasserbad erhitzen. Kaffee und 125 g Sahne langsam zugießen, bis das Gemisch zu stocken beginnt. Ca. 2 EL abnehmen und mit Eigelb vermischen, dann wieder zugießen. Masse unter ständigem Rühren aufkochen lassen.
■ Kokosnüsse halbieren, Kokosmilch abschütten und Fruchtfleisch bis auf 1 cm Rand ausheben. Fleisch zerdrücken und mit zerlassener Butter und Vanillinzucker vorsichtig vermengen. Unter die Masse rühren und im Kühlschrank kühl stellen.
■ Nach ca. 2 Stunden Kokosmasse in Schalen füllen. Restliche Sahne steif schlagen und zum Garnieren daraufgeben.

EW	Fett	KH	kcal/kJ
7 g	51 g	41 g	663/2754

Kaffeecreme mit Himbeeren und Bananen

■ Schokolade hacken und über heißem Wasserbad auflösen. Gelatine in etwas kaltem Wasser einweichen. Kokosmilch mit Kaffeepulver verrühren.

■ 1 Ei trennen, Eigelb und restliches Ei mit der Kaffee-Kokos-Creme über heißem Wasserbad zu einer dicklichen Creme aufschlagen. Gelatine ausdrücken und in der Creme auflösen. Schokolade und Likör unterrühren. Masse kalt stellen.

■ Eiweiß mit 1 Prise Salz steif schlagen, dabei den Zucker einrieseln lassen. Sahne steif schlagen, beides unter die Creme heben.

■ Himbeeren verlesen, Banane schälen und in Scheiben schneiden.

Zutaten:
150 g Vollmilch-schokolade
2 Blatt weiße Gelatine
100 ml Kokosmilch (Dose)
4 EL Kaffeepulver (Instant)
2 Eier
2 cl Kaffeelikör
Salz
30 g Zucker
400 g Sahne
250 g Himbeeren
1 Banane
Zum Garnieren:
Kokosmilch
Kokosraspel
dünne Kokosschnitze

Zubereitungszeit: 25 Min.

EW	Fett	KH	kcal/kJ
13 g	53 g	43 g	720/2993

■ Zum Verzieren der Dessertgläser die Ränder erst in etwas Kokosmilch tauchen, dann in Kokosraspel.

■ Die Hälfte der Creme in Gläser füllen, Früchte darüber verteilen (einige schöne Himbeeren beiseite legen) und restliche Creme daraufgeben. Für mindestens 4 Stunden kalt stellen. Zum Servieren mit restlichen Himbeeren belegen und mit Kokosschnitzen garnieren.

Schokoeis-Kaffee-Dessert

Zutaten:
500 ml starker Kaffee
250 ml Milch
250 g Sahne
100 g Zucker
2 Eigelb
1 Ei
100 g Zartbitter-kuvertüre
20 g Kakaopulver
50 g Macadamianüsse
Kakaopulver zum Bestreuen
ital. Mandelkekse

EW	Fett	KH	kcal/kJ
12 g	41 g	44 g	603/2510

■ Kaffee abkühlen lassen, in den Kühlschrank stellen.

■ Milch und Sahne mit der Hälfte des Zuckers aufkochen. Eigelb und Ei in einer Metallschüssel über heißem Wasserbad mit restlichem Zucker weißschaumig schlagen. Milch und Sahne zugeben. Kuvertüre schmelzen, Kakaopulver und Nüsse unterheben und ebenfalls zugeben. Masse noch leicht warm in ein Metallgefäß füllen und im Tiefkühler mindestens 4 Stunden gefrieren lassen, dabei öfter umrühren.

■ Kaffee in Tassen füllen, je 1 Kugel Eis abstechen, daraufgeben, mit Kakaopulver bestreuen und mit Mandelkeksen servieren.

Zubereitungszeit: 20 Min.

Tipp
Italienische Mandelkekse (Cantuccini) kommen ursprünglich aus Prato bei Florenz. Dort gibt es die original »Cantucci di Prato«. Ihre Qualität hängt vor allem von Qualität und Menge der Mandeln ab.

Kaffee Bavarois

Zutaten:
5 Blätter weiße Gelatine
300 g Sahne
300 ml Milch
1 Päckchen Vanillinzucker
2 TL Kaffeepulver (Instant)
Für die Karamellsauce:
100 g Zucker
2 TL Kaffeepulver (Instant)
100 g Crème double
Schokobohnen zum Garnieren

Zubereitungszeit: 20 Min.

EW	Fett	KH	kcal/kJ
7 g	36 g	42 g	526/2195

- Gelatine in etwas kaltem Wasser einweichen. Sahne und Milch in einem Topf unter Rühren aufkochen lassen. Vanillinzucker und Kaffeepulver zugeben und auflösen, etwas abkühlen lassen. Gelatine ausdrücken und in der Flüssigkeit unter Rühren auflösen. In Portionsförmchen (oder Tassen) umfüllen und im Kühlschrank in ca. 4 Stunden fest werden lassen.
- Für die Karamellsauce Zucker mit 2–3 EL Wasser schmelzen und langsam zu einem hellbraunen Karamell köcheln lassen, dann Kaffeepulver und Crème double einrühren. Abkühlen lassen.
- Zum Servieren Formen kurz in heißes Wasser tauchen, Creme auf Dessertteller stürzen, mit etwas Karamellsauce umgießen und nach Belieben mit Schokobohnen garnieren.

Tipp
Crème double ist eine Variante der süßen Sahne mit einem Fettgehalt von mindestens 40 %. Sie ist von löffelfester Konsistenz und neutralem Geschmack.

Orangencreme

Zutaten:
250 g Sahne
2 EL Milch
60 g Zucker
2 Blatt Gelatine
125 ml doppelt stark aufgebrühter Kaffee
100 g Orangeat
2 cl Rum
1 Orange (unbehandelt)
1 Schuss Orangenlikör

Tipp
Cointreau und Grand Marnier sind die bekanntesten Orangenliköre. Sie werden mit in Alkohol eingelegten Orangenschalen hergestellt.

■ Sahne, Milch und Zucker schaumig schlagen. Gelatine in lauwarmem Kaffee auflösen. Orangeat fein hacken und mit Kaffee und Rum unter die Sahne rühren. Creme in Dessertgläser füllen und im Kühlschrank steif werden lassen. Orange waschen. Schale mit einem Sparschäler oder einem Zestenreißer dünn abschälen, dabei nicht reißen lassen. Orangencreme mit Sahne, Orangenlikör und Orangenschale garnieren.

Zubereitungszeit: 15 Min.

EW	Fett	KH	kcal/kJ
2 g	19 g	18 g	282/1172

Kaffee-Schicht-Dessert

■ Kaffee und 250 ml Milch mischen. 4–5 EL abnehmen, Karamell-Puddingpulver damit glatt rühren. Restlichen Milchkaffee aufkochen, angerührtes Puddingpulver einrühren und aufkochen, 1 Minute kochen lassen. 1 EL Zucker dazugeben. Eiweiß steif schlagen und die Hälfte unterheben. Sahne-Puddingpulver mit restlicher Milch und Zucker nach Packungsanweisung zubereiten. Kurz abkühlen lassen. Restlichen Eischnee unterheben.

■ 6 Förmchen kalt ausspülen. Pudding abwechselnd darin einschichten. Ca. 6 Stunden kühl stellen. Mit dem Messer vom Rand lösen, stürzen. Nach Belieben mit Orangenscheiben, Melisse und Mokkabohnen verzieren.

EW	Fett	KH	kcal/kJ
5 g	2 g	16 g	100/420

Zutaten für 6 Personen:
250 ml Kaffee
750 ml Milch, je 1 Päckchen Karamell- und Sahne-Puddingpulver
2 EL Zucker, 1 Eiweiß
Orangenscheiben, Zitronenmelisse und Mokkabohnen zum Verzieren

Zubereitungszeit: 25 Min.

Kaffeegratiné

■ Kaffee zubereiten und Zucker und Zimt darin auflösen. Vollständig erkalten lassen. In eine Form füllen und mehrere Stunden in das Gefrierfach stellen, bis der Kaffee angefroren ist.

■ Zwischendurch immer wieder zerstoßen. In Gläser abfüllen und sofort servieren.

Zutaten:
500 ml sehr starker Kaffee
4 TL Zucker
4 Prisen Zimt

Zubereitungszeit: 5 Min.

EW	Fett	KH	kcal/kJ
0 g	0 g	5 g	22/93

Tipp
Kaffeegratiné mit frisch gepresstem Zitronensaft überträufelt genießen.

Kaffeeboot

Zutaten:
250 ml Milch
1 EL Zucker
75 g Butter, Salz
120 g Mehl, 4 Eier
Für die Creme:
4 Eigelb, 100 g Zucker
1/2 Päckchen Vanille-Puddingpulver
2 EL Kaffeepulver (Instant)
400 ml Milch
Für die Glasur:
150 g Puderzucker
6 EL starker Kaffee
Essig

■ Milch mit Zucker, Butter und Salz verquirlen und unter ständigem Rühren erhitzen. Langsam abkühlen lassen, dabei Mehl hineinsieben und einige Minuten rühren, bis eine glatte, cremige Masse entsteht. Eier unterrühren.

■ Backpapierstreifen zu Booten formen und 6–8 cm lange Teigstreifen daraufspritzen. Im vorgeheizten Backofen bei 250 Grad ca. 30 Minuten backen. Gebäck auskühlen lassen und der Länge nach aufschneiden.

■ Eigelb mit Zucker schaumig rühren und mit Pudding- und Kaffeepulver eine dicke Masse herstellen. Milch zum Kochen bringen und dazugießen. Noch einmal aufkochen lassen. Creme abkühlen lassen und auf das Gebäck geben.

■ Aus Puderzucker, Kaffee und einigen Tropfen Essig eine Glasur rühren. Auf die Creme streichen und servieren.

Zubereitungszeit: 20 Min.

EW	Fett	KH	kcal/kJ
15 g	33 g	72 g	656/2747

Seeräuberpudding

Zutaten:
2 TL Kaffeepulver
375 ml Milch
250 g Paniermehl
2 Eier, 75 g Rohrzucker
Salz, 2 cl Rum
40 g Butter
Muskatnuss, gerieben

■ Kaffeepulver in warmer Milch auflösen, Paniermehl dazugeben und zum Kochen bringen. Eier mit Zucker und 1 Prise Salz schaumig schlagen und Milchgemisch einfließen lassen. Rum und zerlassene Butter dazugeben. In Förmchen füllen und mit Muskat bestreuen. Im Backofen bei 180 Grad ca. 60 Minuten backen.

Zubereitungszeit: 15 Min.

EW	Fett	KH	kcal/kJ
9 g	13 g	68 g	445/1875

Kaffeesoufflee

Zutaten für 6 Personen:
125 g Mehl, 3 EL Kakao
1 Msp. Salz
250 ml Kaffee, 4 Eier
125 g Zucker
Fett für die Form

EW	Fett	KH	kcal/kJ
6 g	4 g	36 g	209/886

Zubereitungszeit: 10 Min.

■ Mehl mit Kakao und Salz vermengen. Kaffee nach und nach dazugießen. Mischung unter kräftigem Rühren leicht erhitzen, bis ein Brei entstanden ist. Eier trennen. Eigelb und Zucker zum Brei rühren. Eiweiß steif schlagen und unterheben. Eine Form fetten und mit Zucker ausstreuen. Mischung hineingießen und bei 120 Grad ca. 25 Minuten backen.

Tipp
Mit einer Spur Speisestärke fällt das Soufflee nicht so leicht zusammen. Vor dem Stürzen sollte es etwas ruhen, damit es stabil bleibt.

ZUM KAFFEE

Freundliche Blicke (Abb. S. 85)

Zutaten:
250 g Butter
125 g Zucker, 3 Eier
1 Päckchen Vanillinzucker
225 g Mehl, 175 g Speisestärke, 100 g Kokosraspel
je 150 g rote und gelbe Konfitüre

Zubereitungszeit: 20 Min.

■ Butter und Zucker in einer Schüssel cremig rühren.
■ Eier trennen. Eigelb, Vanillinzucker, Mehl und Stärke mit der Buttermasse verkneten. Teig ca. 30 Minuten kühlen.
■ Aus dem Teig kirschgroße Kugeln formen und jeweils eine kleine Mulde in die Mitte drücken. Kekse mit Eiweiß bepinseln und umgekehrt in die Kokosraspeln drücken. Mulden mit Konfitüre füllen.
■ Plätzchen im vorgeheizten Ofen bei 180 Grad ca. 10 Minuten backen.
■ Ergibt ca. 40 Stück.

EW	Fett	KH	kcal/kJ
2 g	7 g	16 g	140/586

Heidesand

Zutaten:
200 g Butter
80 g Puderzucker
50 g Marzipanrohmasse
1 TL Vanillinzucker
1/2 TL abgeriebene Zitronenschale (unbehandelt)
250 g Mehl
1 Eigelb, Zucker

Zubereitungszeit: 20 Min.

■ Weiche Butter mit Puderzucker, Marzipan, Vanillinzucker und Zitronenschale verrühren. Mehl darübersieben und unterkneten. Aus dem Teig Rollen von 5 cm Durchmesser formen, in Folie einschlagen und über Nacht in den Kühlschrank stellen.
■ Teigrolle aus der Folie nehmen, mit Eigelb bestreichen und in Zucker rollen, in 1/2 cm dicke Scheiben schneiden, auf ein mit Backpapier belegtes Backblech legen und im vorgeheizten Ofen bei 190 Grad 8–10 Minuten backen.
■ Ergibt ca. 40 Stück.

EW	Fett	KH	kcal/kJ
2 g	7 g	16 g	140/586

Schwarz-Weiß-Gebäck

Zutaten:
250 g Mehl
1 TL Backpulver
170 g Zucker
1 Päckchen Vanillinzucker
2 cl Rum, 1 Ei
125 g Butter
1 EL Kakaopulver
1 EL Milch
1 Eiweiß

EW	Fett	KH	kcal/kJ
0 g	2 g	96 g	60/251

■ Mehl und Backpulver mischen, auf die Tischplatte sieben, in die Mitte eine Vertiefung drücken, 150 g Zucker, Vanillinzucker, Rum und Ei hineingeben. Butter in Flöckchen auf den Rand setzen, alles zu einem glatten Teig verkneten und ca. 30 Minuten kalt stellen. Kakaopulver mit restlichem Zucker und Milch verrühren und unter die Hälfte des Teiges kneten.
■ Hellen und dunklen Teig jeweils 1 cm dick ausrollen. Aus dem hellen Teig 4, aus dem dunklen Teig 5 Streifen schneiden und mit Eiweiß bestreichen. Abwechselnd je 3 Streifen neben- und übereinander legen, in den restlichen dünn ausgerollten Teig wickeln und in Scheiben schneiden. Plätzchen auf ein mit Backpapier ausgelegtes Backblech geben und im vorgeheizten Ofen 10–15 Minuten backen.
■ Ergibt ca. 45 Stück.

Zubereitungszeit: 20 Min.

Jogurtleichtes Kaffeegebäck

■ Vanilleschote längs aufschlitzen und Mark herauskratzen. Butter, Puderzucker, Vanillemark, Salz und Ei zu einer bröckeligen Teigmasse verarbeiten. Mehl einmischen und zügig zu einem runden Teigballen kneten. Anschließend 30 Minuten in den Kühlschrank stellen.

■ Teig auf einer kühlen, mit Mehl bestäubten Arbeitsfläche ausrollen und zu Ringen oder Talern ausstechen. Im Backofen bei 200 Grad goldgelb ausbacken.

■ Plätzchen auf einer Seite mit Nougat oder Konfitüre bestreichen und ein zweites Plätzchen daraufgeben. Nach Wunsch mit Kuvertüre überziehen.

■ Ergibt ca. 60 Stück.

Zutaten:
1 Vanilleschote
250 g Jogurtbutter
125 g Puderzucker
Salz
1 Ei
375 g Mehl
Nougat
Konfitüre (z. B. Himbeerkonfitüre)
Vollmilchkuvertüre

Zubereitungszeit: 25 Min.

EW	Fett	KH	kcal/kJ
1 g	3 g	7 g	60/251

Nussecken

Zutaten:
150 g Mehl
1/2 gestr. TL Backpulver
145 g Zucker
2 Päckchen Vanillinzucker
1 Ei
145 g Butter
2 EL Aprikosenkonfitüre
100 g Haselnüsse, gemahlen
100 g Haselnüsse, gehackt
50 g Kuvertüre

- Mehl mit Backpulver mischen, auf eine Arbeitsfläche sieben und in die Mitte eine Vertiefung drücken.
- 45 g Zucker, 1 Päckchen Vanillinzucker und Ei hineingeben, 45 g Butter in Flöckchen an den Rand setzen und alles schnell zu einem glatten Teig verkneten. Ca. 30 Minuten kalt stellen.
- Teig auf einem mit Backpapier ausgelegten Backblech ausrollen und mit Konfitüre bestreichen.
- Für den Belag restliche Butter, restlichen Zucker, restlichen Vanillinzucker und 2 EL Wasser langsam erwärmen und zerlassen. Gemahlene und gehackte Haselnüsse unterrühren. Masse etwas abkühlen lassen und gleichmäßig auf dem Teig verteilen. Vor den Teig ein gefaltetes Stück Alufolie legen.
- Im vorgeheizten Ofen bei 175–200 Grad 20–30 Minuten backen. Gebäck etwas auskühlen lassen, in Dreiecke schneiden, in aufgelöste Kuvertüre tauchen und auf einem Kuchengitter trocknen lassen.
- Ergibt 24 Stück.

Zubereitungszeit: 20 Min.

EW	Fett	KH	kcal/kJ
2 g	11 g	14 g	166/695

Tipp
Je nach Geschmack können Sie Vollmilch- oder Zartbitterkuvertüre nehmen und die Konfitüre z. B. durch Himbeer- oder Johannisbeerkonfitüre ersetzen.

Feine Nussstangen

- Mehl, Butter, Zucker und Nüsse in eine Rührschüssel geben. Ei trennen, Eigelb zu den übrigen Zutaten geben und alles zügig verkneten. Teig in Folie einwickeln und ca. 30 Minuten in den Kühlschrank legen.
- Teig zwischen 2 Lagen Backpapier ausrollen und in ca. 7 cm lange Streifen schneiden. Eiweiß mit Puderzucker steif schlagen und in eine Spritztüte mit feiner Tülle füllen. Nussstreifen damit verzieren und im vorgeheizten Ofen bei 180 Grad ca. 20 Minuten goldbraun backen.
- Ergibt ca. 40 Stück.

Zubereitungszeit: 15 Min.

EW	Fett	KH	kcal/kJ
1 g	7 g	13 g	130/544

Tipp
Wenn Sie es lieber schokoladig mögen, verzichten Sie auf den Zuckerguss und verzieren Sie die Nussstangen an beiden Enden mit Zartbitterkuvertüre.

Zutaten:
250 g Mehl
200 g Butter
200 g Zucker
200 g Haselnüsse, gemahlen
1 Ei
125 g Puderzucker

Safranrondos

Zutaten:
2 EL Orangensaft
1 Döschen Safranpulver
200 g Mehl (z. B. von Aurora)
1 TL Backpulver
100 g Zucker
1 Eigelb
100 g kalte Butter
Mehl für die Arbeitsfläche
125 g Nougat
125 g Puderzucker
1 Eiweiß
2–3 EL Pistazien, gehackt

Zubereitungszeit: 30 Min.

EW	Fett	KH	kcal/kJ
1 g	5 g	15 g	107/450

■ Für den Teig Orangensaft erhitzen und die Hälfte des Safranpulvers einrühren, auskühlen lassen.

■ Mehl, Backpulver, Zucker, Eigelb, Butter in Flöckchen und Orangensaft rasch zu einem Teig verkneten. In Folie wickeln und 30 Minuten in den Kühlschrank legen.

■ Den Teig auf einer leicht bemehlten Arbeitsfläche dünn ausrollen und mit einem runden Ausstecher (ca. 5 cm Durchmesser) Teigkreise ausstechen. Aus der Hälfte der Teigkreise mit einem kleineren Ausstecher (ca. 2 cm Durchmesser) Löcher ausstechen. Auf ein gefettetes Backblech legen und im vorgeheizten Backofen bei 200 Grad ca. 10 Minuten goldgelb backen.

■ Auf einem Kuchengitter auskühlen lassen. Für die Dekoration Nougat in einen kleinen Topf geben und bei geringer Hitze schmelzen. Die Plätzchen ohne Loch mit dem Nougat bestreichen, die anderen daraufsetzen. Puderzucker, Eiweiß und restliches Safranpulver verrühren und die Plätzchen damit bestreichen. Pistazien daraufstreuen.

■ Ergibt ca. 30 Stück.

Petit Fours

Zutaten:
6 Eier
150 g Zucker
200 g Mehl
1 TL Backpulver
100 g Speisestärke
2 EL Kakaopulver
3 cl Rum
abgeriebene Schale von 1 Zitrone und Orange (unbehandelt)
250 g Johannisbeergelee
500 g Puderzucker
Zitronensaft

Zubereitungszeit: 20 Min.

EW	Fett	KH	kcal/kJ
1 g	1 g	13 g	62/260

■ Eier trennen, Eigelb mit Zucker schaumig schlagen. Mehl, Backpulver und Speisestärke mischen und darübersieben. Eiweiß steif schlagen und unter die Masse heben.

■ Teig teilen, unter eine Hälfte Kakaopulver und Rum, unter die andere Zitronen- und Orangenschale mischen. Je 1 Teighälfte ca. 2 cm dick auf ein mit Backpapier ausgelegtes Backblech streichen und im vorgeheizten Ofen bei 200 Grad jeweils ca. 15 Minuten backen.

■ Nach dem Erkalten in kleine Rechtecke schneiden oder mit einem Plätzchenausstecher Formen ausstechen; mit Johannisbeergelee bestreichen und je 2 zusammensetzen.

■ Puderzucker mit Zitronensaft glatt rühren und Petit Fours damit überziehen.

■ Ergibt 80 Stück.

Orangenstäbchen

■ Butter, Puderzucker, Vanillinzucker, Salz, Eigelb, Orangenschale und Orangensaft zu einem geschmeidigen Teig rühren. Mehl sieben und nach und nach dazugeben.

■ Teig in einen Spritzbeutel mit Sterntülle füllen und ca. 6 cm lange Stangen auf ein mit Backpapier belegtes Backblech spritzen. Im vorgeheizten Backofen bei 180 Grad ca. 7 Minuten backen.

■ Ergibt ca. 40 Stück.

Zubereitungszeit: 20 Min.

EW	Fett	KH	kcal/kJ
1 g	3 g	10 g	75/316

Zutaten:
130 g Butter
150 g Puderzucker
1 Päckchen Vanillinzucker, Salz, 4 Eigelb
abgeriebene Schale von 1 Orange (unbehandelt)
3 EL Orangensaft
300 g Mehl

Profiteroles

Zutaten:
30 g Butter
75 g Mehl
2 kleine Eier
1/2 Msp. Backpulver
Fett für das Blech
Für die Sauce:
150 g Zartbitterschokolade
125 g Sahne
1 TL Kaffeepulver (Instant)
Für die Füllung:
200 g Sahne
1/2 EL Vanillinzucker
1 TL Sahnesteif

Zubereitungszeit: 50 Min.

EW	Fett	KH	kcal/kJ
3 g	17 g	12 g	223/928

Tipp
Je höher der Kakaoanteil einer Schokolade liegt, desto herber und aromatischer schmeckt sie. Für Schokoladensaucen eignen sich Schokoladen mit mindestens 70 % Kakaoanteil.

■ 125 ml Wasser mit Butter aufkochen, bis sie geschmolzen ist. Mehl dazugeben und kräftig rühren, bis sich der Teig zu einem Kloß formt. Topf von der Kochstelle nehmen. 1 Ei untermischen, Teig abkühlen lassen. Restliches Ei und Backpulver unterrühren. Mit 2 Löffeln ca. walnussgroße Kugeln formen, auf ein gefettetes Backblech setzen und Teigkugeln mit etwas kaltem Wasser besprühen.

■ Im vorgeheizten Backofen bei 200 Grad ca. 25 Minuten backen. Auf einem Kuchengitter abkühlen lassen. Schokolade in Stücke brechen und in der Sahne erwärmen, bis die Schokolade geschmolzen ist. Sauce dickflüssig einkochen, mit Kaffeepulver mischen und abkühlen lassen.

■ Für die Füllung Sahne mit Vanillinzucker und Sahnesteif steif schlagen, in einen Spritzbeutel füllen. Tülle in die Profiteroles stechen und Sahne hineinspritzen.

■ Profiteroles auf Desserttellern anrichten und mit Sauce übergießen. Sofort servieren.

■ Ergibt ca. 5 Stück.

Möhren-Kokos-Plätzchen

Zutaten:
210 g Mehl
1/2 TL Natron
1/2 TL Salz
50 g Walnusskerne
80 g Möhren
110 g weiche Butter
100 g Zucker
1 TL Zuckerrübensirup
1 frisches Ei
2 EL Orangensaft
1 TL Orange-Back
50 g Kokosraspel
110 g Puderzucker
20 g Doppelrahm-Frischkäse
1 EL Milch
1/2 TL Vanillearoma
Geleeorangen zum Verzieren

Zubereitungszeit: 30 Min.

EW	Fett	KH	kcal/kJ
10 g	8 g	32 g	238/999

- Backofen auf 180 Grad vorheizen und Blech mit Backpapier auslegen.
- Mehl in eine Schüssel sieben. Natron und Salz dazugeben und alles vermischen. Walnusskerne fein hacken. Möhren putzen, schälen und raspeln.
- Butter in eine Schüssel geben und schaumig schlagen. Zucker und Zuckerrübensirup einrieseln lassen und mit der Butter schaumig schlagen. Ei, Orangensaft und Orange-Back nacheinander jeweils gut unterrühren.
- Mehlmischung nach und nach zur Buttermischung geben und alles zu einem glatten Teig verarbeiten. Gehackte Walnusskerne, Möhren- und Kokosraspel zum Teig geben und gut unterheben.
- Mit einem Teelöffel aus dem Teig ca. 3 cm große Bällchen formen und diese mit ca. 5 cm Abstand auf das vorbereitete Blech legen. Plätzchen auf der mittleren Schiene 12–15 Minuten hellbraun backen.
- Für die Glasur Puderzucker in eine Schüssel sieben, Frischkäse, Milch und Vanillearoma dazugeben und alles gut verquirlen. Wenn Plätzchen abgekühlt sind, jedes einzeln in die Glasur stippen. Wenn die Glasur zu steif sein sollte, etwas mehr Milch dazugeben. Mit Geleeorangen nach Wunsch verzieren.

Sonntagshörnchen

Zutaten:
1 Würfel Hefe (42 g)
500 ml Milch
500 g Mehl, 1 TL Salz
40 g Butter, 1 Eigelb

EW	Fett	KH	kcal/kJ
4 g	4 g	23 g	149/628

■ Hefe zerbröckeln und in der lauwarm erhitzten Milch auflösen. Mehl, Salz und Butter dazugeben und zu einem glatten Teig verarbeiten. An einem warmen Ort gehen lassen.

■ Aus dem Teig 16 gleich große Kugeln formen. Jede Kugel zu einer ovalen Platte ausrollen. Von der Schmalseite aufrollen. Hörnchen auf ein gefettetes Backblech geben. 15 Minuten gehen lassen.

■ Mit verquirltem Eigelb bestreichen und im vorgeheizten Ofen bei 200 Grad 15–20 Minuten backen.

■ Ergibt 16 Stück.

Zubereitungszeit: 20 Min.

Windbeutel mit Zitronencreme

Zutaten:
50 g Butter
150 g Mehl
30 g Speisestärke
4 Eier
1 TL Backpulver
Für die Füllung:
4 Eier
100 g Zucker
125 ml Zitronensaft
3 Blatt weiße Gelatine

EW	Fett	KH	kcal/kJ
3 g	4 g	23 g	146/619

■ 500 ml Wasser mit Butter in einem Topf zum Kochen bringen. Mehl und Speisestärke dazugeben. Alles zu einem Teigkloß verarbeiten und diesen unter Rühren ca. 1 Minute erhitzen, bis er sich vom Boden löst. In eine Schüssel geben und nach und nach Eier unterrühren. Teig erkalten lassen und das Backpulver unterrühren.

■ Walnussgroße Häufchen Teig auf ein mit Backpapier ausgelegtes Backblech setzen. Im vorgeheizten Backofen bei 200 Grad 25–30 Minuten backen. Nach dem Backen einen Deckel abschneiden. Für die Füllung Eier trennen, Eigelb mit Zucker und Zitronensaft schaumig rühren. Gelatine in etwas Wasser auflösen und dazugeben. Eiweiß steif schlagen und darunterheben.

■ Creme in die Windbeutel füllen und Deckel auflegen.

■ Ergibt 10 Stück.

Zubereitungszeit: 40 Min.

Zitronen-Biskuit-Ringe

Zutaten:
4 Eier, 200 g Zucker
1 Päckchen Vanillinzucker
100 g Mehl
100 g Speisestärke
120 g Zitronengelee
150 g Zartbitter-kuvertüre

Zubereitungszeit: 20 Min.

■ Eier trennen. Eigelb mit 4 EL heißem Wasser cremig schlagen. Zucker und Vanillinzucker dazugeben.

■ Eiweiß steif schlagen, mit Mehl und Speisestärke dazugeben und alles locker zu einem Teig verkneten. Mit dem Spritzbeutel Ringe auf ein gefettetes Backblech spritzen, bei 180 Grad ca. 15 Minuten backen. Ringe noch heiß mit Zitronengelee bestreichen, abkühlen lassen.

■ Kuvertüre über heißem Wasserbad schmelzen lassen, Ringe damit überziehen.

■ Ergibt ca. 12 Stück.

EW	Fett	KH	kcal/kJ
2 g	4 g	44 g	224/947

Adventskaffee 30
Amerikanischer Eiskaffee 47
Ananaskaffee 42
Aprikosen-Kaffee-Schnitten 71
Birnenwähe 63
Brandy Espresso 34
Brasilian Dream 16
Brennender Mokka 26
Café brûlot 36
Café Noisette 30
Cappuccino on ice 43
Cappuccinococktail 26
Cappuccinokipferl 56
Cappuccino-Kirsch-Muffins 54
Cappuccinotorte 69
Carioca 43
Cheerio 52
Coco-Coffee 36
Cool Liaison 44
Creamy Ice-Coffee mit Karamellfäden 42
Crème de Coco 78
Crêpes de café 54
Dallaskonfekt 56
Drink for two 16
Eidgenossenkaffee 37
Eiermokka 29
Eierpunsch 32
Eiskaffee Steppenwind 46
Eiskaffee verkehrt 50
Eiskaffeetorte 65
El Diabolo 24
Espresso Surprise 35
Espresso Vanille 27
Espressoquark mit Pfirsich 75
Espressotörtchen 67
Exotic Dream 47
Feine Nussstangen 89
Fliegender Holländer 30
Freundliche Blicke 86
Früchtebrot 60
Geeiste Kaffeetorte 62
Geeister Kaffee in Vanillemilch 41
Geschwinder Kaffee 44
Gewürzter Schokoladen-mokka 22
Halloween-Coffee 24
Hardy 49
Heidesand 86
Heißer Milchtraum 18
Hemingway 52
Hobby 41
Holländischer Kaffee 27
Hot Caribbean 45
Ingwerkaffee 18
Ingwer-Schoko-Schaum 76
Intermezzo »Macchiato« 17
Irish Coffee 32
Jogurtleichtes Kaffeegebäck 87
Kaffee Bavarois 81
Kaffee Bénédictine 38
Kaffee Kirsch 49
Kaffee Mafioso 28
Kaffee St. Petersburg 34
Kaffee Tia-Maria 38
Kaffee Wermut 48
Kaffeeboot 84
Kaffeecocktail 49
Kaffeecreme mit Himbeeren und Bananen 79
Kaffeeeis mit filetierten Grapefruits 74
Kaffeegelee 74
Kaffeegratiné 83
Kaffee-Himbeer-Herzen 66
Kaffeehörnchen 60
Kaffeekaramellen 54
Kaffee-Kirsch-Quadrate 68
Kaffeekränze 59
Kaffee-Krokant-Parfait 77
Kaffeekuchen 62
Kaffeeküsse 60
Kaffeenektar 46
Kaffee-Nuss-Torte 72
Kaffee-Orangen-Türmchen 57
Kaffeeplätzchen 58
Kaffee-Schicht-Dessert 83
Kaffeesoufflee 84
Kaiser Melange 33
Kleinigkeit 49
Königlicher Kaffee 31
Königspunsch 52
Kosakenkaffee 26
Kühle Melange 52
Latte-Macchiato-Muffins 64
Latte Macchiato spezial 29
Lebenswecker 16
Macadamiamix 40
Madame 44
Mexikanischer Zimtkaffee 24
Möhren-Kokos-Plätzchen 93
Mokka mit Rum und Portwein 26
Mokka 24
Mokkapralinen 55
Mokkapunsch 22
Mokkatorte mit Kaffeeglasur 72
Nightlife Drink 51
Normannischer Kaffee 33
Nussecken 88
Nuss-Nougat-Macchiato 21
Orangencreme 82
Orangenstäbchen 91
Peppermint-Power-Coffe 40
Petit Fours 91
Pfefferminzkaffee 37
Pfirsich-Jogurt-Shake 46
Pharisäer 35
Profiteroles 92
Rüdesheimer Kaffee 38
Rum-Coca-Coffee 48
Safranrondos 90
Schokoeis-Kaffee-Dessert 80
Schoko-Kaffee-Traum 44
Schokoschümli 20
Schwarz-Weiß-Gebäck 86
Schwyzer Kaffee 38

Register

Seeräuberpudding 84
Sonntagshörnchen 94
Southern Belle 31
Stachelbeer-Kaffee-Kompott 74
Südamerikanischer Mokka 20
Tiramisu mit Frischkäse 78
Torte Tiramisu 70
Vanillamokka 19
Vanille-Sahne-Kaffee 23
Westindischer Kaffee 28
White Russian 40
Wiener Haferl 23
Windbeutel mit Zitronencreme 94
Zitronen-Biskuit-Ringe 94
Zitronenkaffee 50

Text- und Bildquellen

Titelbild: StockFood
Inhalt: Aurora: 90; Brauner/Mosaik-Verlag: 93; CMA Deutsche Butter: 67, 85, 89; Deutscher Kaffeeverband: 4, 5, 6, 22, 48; Du darfst: 78; Giotto: 17, 19, 42; IHR- Ideal Home Range: 12; Kopp/Mosaik-Verlag: 92; Kraft Foods Deutschland: 69; Meggle: 87; Melitta: 28, 31, 33, 41, 45, 46, 47; Mövenpick Café: 20, 30, 36, 37, 57, 58, 59, 63, 66, 68, 71, 75, 77; Nestlé Deutschland: 1, 27, 39, 65; Nutella: 18, 21, 43; Peter Kölln KGaA: 70; Pocket Coffee: 15, 35, 51; Rama: 64; Severin Elektrogeräte GmbH: 10, 11 (2x); StockFood: 2/3, 23, 25, 29, 34, 50, 53, 55, 61, 73, 79, 80, 81, 82, 83; The Food Professionals Köhnen GmbH: 8 (2x), 32, 56, 76, 88, 91

Impressum

Einleitungstext: Iris Hammelmann
Chefredaktion: Dr. Angela Sendlinger
Redaktion: Anna Fleck
Produktion: Wolfram Friedrich
Umschlaggestaltung: Inga Koch

ISBN 978-3-8174-5828-8
5358284

Besuchen Sie uns im Internet: www.compactverlag.de